GABRIEL KURMAN

Licenciado en Economía de la Universidad de Buenos Aires con estudios de posgrado en mercado de capitales. Luego de más de una década dedicado a las finanzas corporativas y las fusiones y adquisiciones, ha decidido dedicar su vida a la innovación y educación sobre Bitcoin y tecnologías descentralizadas. Es cofundador de los proyectos Rootstock, Koibanx, IFEB, B4H y Bitcoineta.

IVAN KALEJA

Maestro joyero y profesor de yoga que durante décadas se ha interesado en explorar cómo contribuir a la construcción de una sociedad más justa. Cuando su camino se cruzó con Bitcoin, decidió cofundar B4H, dedicarse a educar sobre Bitcoin y a visibilizar aquellos proyectos que utilicen tecnologías descentralizadas en pos de un impacto positivo para la sociedad.

ECONOMÍAS CIRCULARES DE BITCOIN

HISTORIAS DE ESPERANZA CONSTRUIDAS SOBRE
EL DINERO SOBERANO DEL FUTURO

Gabriel Kurman

Ivan Kaleja

Edición
Matías Sirota

Diseño y Diagramación
Bernardo Caminiti

Arte de tapa
Bernardo Caminiti

Corrección
Viviana D´Andrea

1era Edición noviembre 2024

ISBN: 978-84-685-8779-0
Depósito legal: M-9027-2025

Dedicatorias

*A los voluntarios que trabajan diariamente para contribuir al desarrollo social,
espiritual y económico de sus comunidades.*

*A Journey, Rieka, Maxi y todos los jóvenes y niños que se merecen
un futuro lleno de esperanza y oportunidades.*

*A nuestros padres y abuelos que nos dieron las herramientas
y voluntad para luchar por un mundo mejor.*

A Andre y Barto por su apoyo incondicional.

Agradecimientos

*A Alvaro D. Maria y el equipo detrás del Instituto de Filosofía y Economía Bitcoin (IFEB)
por su invaluable apoyo en la realización de este libro, promover el pensamiento crítico
y la creación de contenido educativo sobre Bitcoin.*

*A Ivan Kaleja por coordinar Bitcoin4Humanity y haber liderado las entrevistas de este proyecto. Por haber
identificado en 2019 la importancia de la misión que Bitcoin Beach estaba realizando y que resultó ser la
chispa inicial que 5 años más tarde dio lugar a este libro.*

*A Matias Sirota por ayudarnos a contar estas magníficas historias de vida con
su sensibilidad y conocimiento profundo de Bitcoin.*

*A @holdsouth por el diseño del logo de las economías circulares
y el permanente apoyo que realiza a Bitcoin Ekasi.*

A David Kurman por su apoyo y guía sobre el camino correcto en la vida.

*A Lydia Galagovsky por ayudarnos en la revisión de los textos y por sus inagotables preguntas que hicieron
que este libro sea fácil de entender para todo tipo de público.*

POR ALVARO D. MARIA

LO LOCAL Y LO GLOBAL

Estamos viviendo un cambio de era, donde lo viejo no termina de morir y lo nuevo no termina de nacer. Estamos viviendo el fin de la era industrial, de la época donde la prosperidad surgía principalmente de las fábricas y de las ciudades que las alimentaban de trabajadores. Los Estados tenían un papel esencial ahí, daban el acceso de las materias primas a las fábricas, garantizaban las rutas comerciales y las infraestructuras para sus mercancías, y mantenían controlado al movimiento obrero. A cambio, las fábricas, gracias a su producción a escala, abastecían los mercados y se podían permitir pagar la cuota correspondiente a los Estados en forma de impuestos por todo ello.

Ahora estamos en plena transición hacia la era de la información, donde ya no manda la escala, sino la personalización.

Gracias a Internet podemos agregar demanda y conectar con una oferta a medida, eso nos permite producir o prestar servicios muy específicos y aportar valor de una manera innovadora. Ya no hace falta producir a escala para llenar los grandes escaparates de coches, ahora encargas el coche como tú lo quieres en una página web. La personalización está reconfigurando las relaciones económicas, y con ello el mundo.

Con el éxito de la era industrial se desarrollaron los grandes centros financieros, y las regiones del mundo que estaban al margen de esos procesos quedaron literalmente abandonadas, ajenas a las cadenas de valor del mundo, desbancarizadas, sin acceso a productos y servicios. Pero gracias a Internet, cada vez más regiones salen de ese aislamiento, y gracias a Bitcoin empiezan a salir también de esa desconexión económico-financiera. Muchas de esas regiones vivían de las remesas que enviaban sus familiares desde el extranjero y con las que los intermediarios hacían un gran negocio por no haber alternativas. Sin inversión, sin capital, sin propiedad efectiva de calidad, sin conexión con las cadenas de valor

globales, sin posibilidad de industrializarse, esas regiones estaban condenadas a la pobreza y la marginación.

Desde Bitcoin, junto a Internet, más de 1800 millones de personas tienen a su alcance unirse por primera vez a las cadenas de valor globales, en una era en la que justo lo que más valor aporta es la personalización y la autenticidad. El Estado se empieza a difuminar y pasa a un lugar secundario. Mientras que lo local se une a lo global, y pone en relieve la autenticidad y personalidad de lo local.

Bitcoin e Internet permiten a cualquiera con acceso a un teléfono móvil unirse a esa conversación global de bits, mostrarse en el escaparate del mundo y unirse a las cadenas de valor de todo el planeta.

En esta nueva era están renaciendo las comunidades que se habían quedado aisladas en la era industrial, ahora pueden prestar servicios, pueden enseñar al mundo lo que son y lo que hacen y

sumarse al valor del intercambio. La personalidad de lo local atrae a los que sienten curiosidad o quieren vivir esa experiencia. Las comunidades personalizadas que se están desarrollando como Economías Circulares de Bitcoin son el mejor ejemplo de ello, y son la semilla del futuro.

EL PAPEL DE BITCOIN

Bitcoin se entiende mucho mejor cuando lo pensamos como un sistema global de derechos de propiedad absolutos, con un activo real subyacente que se asemeja mucho a una especie de oro digital. Cuando lo vemos así nos damos cuenta de que se ha instaurado el derecho de propiedad privada en todo el mundo y cualquiera puede poseer y transmitir valor, sin que ningún otro lo pueda parar ni impedir, incluso —con las medidas adecuadas— ni siquiera saberlo. Esto no afecta solo a los pagos, afecta a las remesas, a las donaciones, al ahorro, a la herencia, a los contratos de garantías. De golpe, Bitcoin, gracias a moverse en un nuevo dominio que atraviesa y cubre todas las fronteras del mundo, el ciberespacio, instaura una propiedad efectiva sin límites ni

restricciones. Esto necesariamente lleva a que aparezcan nuevas formas de relacionarse económicamente, de intercambiar valor. La conexión de lo local con lo global se produce precisamente ahí, el nexo de las comunidades locales con Internet y Bitcoin no tiene límites. Las donaciones, los envíos de remesas, las maneras de prestar servicios en todo el mundo, incluso teletrabajar, maneras de acoger ciudadanos, hasta de conceder permisos de residencia a cambio de depósitos en cuentas multifirma. ¡Hay todo un mundo por explorar que se va a construir sobre Bitcoin y lo local!. Las Economías Circulares de Bitcoin precisamente demuestran esto: cómo Bitcoin, a pesar de ser global, no va con el globalismo, sino con conectar lo local con lo global. Su personalidad, frente a lo impersonal y homogeneizador de los Estados, conquista el nuevo dominio del ciberespacio. En estas historias de Economías Circulares de Bitcoin vemos precisamente las bases del futuro. El nacimiento de millones de personas que pueden incorporarse y prestar servicios a todo el mundo, y acoger a turistas y otro tipo de visitantes para que disfruten de sus comunidades y aprendan a vivir como ellos, o ellos también comiencen a vivir esos estilos

de vida fuera del mundo desenfrenado de la era industrial y
financiera.

EL PORVENIR

Estas iniciativas están ganando mucho peso y popularidad, y cada
vez emergerán nuevas maneras de vivir en diferentes Estados.
Estas comunidades a medida que crezcan también tendrán que
evolucionar hacia comunidades políticas. Y es fundamental
que esta visión se adopte en ellas. El paso hacia convertirse en
jurisdicciones personalizadas les dará un salto cualitativo inmenso
para aportar valor al mundo de forma única. Esa será la garantía
para mantener su autenticidad y su estilo de vida. Los Estados
son los primeros que deben estar interesados en promover este
tipo de iniciativas, pues tan importante como lo fue en el siglo
xx ser una potencia productiva, es hoy ser capaz de atraer talento
ofreciendo una jurisdicción amigable y un estilo de vida mejor
que el que nos ofrece el mundo actual. La educación jugará un
papel fundamental en todo este proceso, pues sembrará el terreno
y lo abonará para que pueda prosperar. La influencia de estas

comunidades en los Estados será muy beneficiosa para todos, como refleja la relación entre El Zonte y El Salvador, que tantos frutos ha dado al país.

El gran error que hay que evitar es ver en Bitcoin los cimientos de estas comunidades. Bitcoin es la herramienta, pero no el fundamento. Al igual que la pólvora hizo que dejásemos de vivir en ciudades amuralladas, pero no se construyeron las *pólvora-city*, tampoco se debe cometer ese error con Bitcoin. El fundamento de estas nuevas comunidades debe ser la autenticidad y la incesante búsqueda por ser mejores, por la virtud. Sin lugar a dudas, las Economías Circulares de Bitcoin son un paso muy importante en la buena dirección, la de avanzar hacia jurisdicciones personalizadas que sean capaces de conectar lo local con lo global también de manera política y no solo económica. Ese es el gran reto del futuro. Estoy convencido de que estas historias servirán de inspiración para el mundo. Bitcoin es la esperanza y el punto de apoyo para construir un mundo nuevo, que ya empieza a amanecer.

PREFACIO

Desde el nacimiento de Bitcoin, primero con la
publicación de su *white paper*[1] en 2008 y luego con el primer
bloque —o génesis— de su base de datos distribuida[2] el 3 de
enero de 2009, el mundo ha comenzado a descubrir las múltiples
posibilidades que esta tecnología disruptiva aporta a nuestra
sociedad. En muchos casos, lo que primero llama la atención es la
apreciación fluctuante de su precio, lo cual nos invita a investigar
sobre qué es el dinero y qué es lo que le da valor. Al adentrarnos
en la madriguera de Bitcoin, descubrimos su política monetaria
programada, que asegura su escasez, en oposición a la emisión
ilimitada de las monedas fiduciarias, impresas por los bancos
centrales, que utilizamos en la actualidad. Los más aventurados,
inclusive, llegan a ahondar en su neutralidad política y resistencia a
la censura, lo cual puede llegar a jugar un importante rol a la hora
de equiparar las libertades de los individuos, frente a la autoridad de
los Estados nacionales[3].

1 *bitcoin.org/files/bitcoin-paper/bitcoin_es_latam.pdf*
2 *Timechain.*
3 *Este tema es analizado en profundidad en el libro*
La filosofía de Bitcoin, de Álvaro D. María.

Este libro busca enfocarse en un aspecto de Bitcoin muy importante y aún poco conocido por el público: su potencial para contribuir al desarrollo económico y social de quienes lo adoptan. Nuestro interés con este libro es visibilizar y compartir el impacto de una revolución silenciosa llevada a cabo por emprendedores sociales, que encontraron en Bitcoin, una herramienta única para educar, empoderar y desarrollar económicamente a comunidades relegadas por el sistema financiero tradicional.

Las características de Bitcoin como dinero antiinflacionario, su acceso abierto y su bajo costo a la hora de hacer envíos internacionales de dinero a familiares (remesas), han sido reconocidas por emprendedores sociales de diferentes partes del mundo como una herramienta económico-financiera muy valiosa para grupos de personas en situaciones de vulnerabilidad económica. En estos contextos, es muy común que las personas tengan acceso limitado al sistema bancario, pero sí cuentan con acceso a teléfonos celulares y conexión a internet. Quizá es por ello que los principales proyectos educativos y Economías Circulares de Bitcoin (ECB), están

surgiendo en regiones de Latinoamérica y de África.

Este libro es el resultado de múltiples encuentros y coincidencias entre proyectos y personas que, a lo largo de los años, han descubierto a Bitcoin como una herramienta tecnológica capaz de habilitar, sostener y potenciar el logro de objetivos sociales en pos del desarrollo humano.

CONCEPTOS BÁSICOS

Uno de los objetivos principales de este libro es que pueda ser apreciado y disfrutado por todo tipo de lectores, sin la necesidad de tener conocimientos previos sobre Bitcoin, tecnología o finanzas. Por ello es que presentamos a continuación algunas definiciones propias de temas que luego serán mencionados en el transcurso del libro. Siguiendo el principio fundamental de la cultura Bitcoiner: "no confíes, verifica", invitamos al lector

a profundizar su investigación sobre Bitcoin más allá de los conceptos volcados en este libro.

BITCOIN COMO TECNOLOGÍA

Bitcoin es un protocolo de código abierto, que permite mantener una base de datos descentralizada mediante nodos distribuidos alrededor del mundo. Esto significa que ningún nodo puede modificar arbitrariamente los datos compartidos. La totalidad de los registros de dicho "libro contable" pueden ser auditados por todos los participantes de la red, a través de sus *full nodes*[4]. A esta base de datos distribuida se la denomina habitualmente como la *timechain* o la *blockchain de Bitcoin*[5] y, probablemente, sea una de las innovaciones más revolucionarias de nuestra era. Dadas sus características tecnológicas y el efecto de red que se ha construido a su alrededor, hace que sus datos no puedan ser corrompidos por ningún usuario, corporación o gobierno, sin importar cuánto dinero o poder tenga.

4 *Los full nodes son servidores de bajo costo que almacenan el historial de transacciones de Bitcoin y auditan los nuevos bloques generados por los nodos mineros.*
5 *Se diferencia de otras bases de datos distribuidas que también utilizan el nombre de "blockchain" pero sin tener la antifragilidad y la neutralidad generadas por las características únicas del ecosistema Bitcoin y su efecto de red.*

BITCOIN COMO RED DE INTERCAMBIO DE VALOR

Las características únicas de la tecnología de Bitcoin la convierten en la red de intercambio de valor más segura y abierta del mundo. Al estar asegurado por la *prueba de trabajo,* que corre sobre la red de nodos más poderosa del planeta, este nuevo protocolo de internet garantiza la resistencia a la censura y la neutralidad política, sirviendo a todas las naciones e individuos del mundo por igual. La red Bitcoin representa una evolución natural de internet, que incorpora por primera vez la posibilidad de intercambiar valor entre todos sus usuarios en forma abierta, global y sin intermediarios.

BITCOIN COMO MONEDA

En el corazón de dicha red de intercambio de valor global se encuentra Bitcoin, el activo nativo de la misma. Esto significa que si creemos que esta red de intercambio de valor puede tener un gran uso en el futuro, también deberíamos esperar una creciente demanda de Bitcoin en su rol de medio de intercambio. Pero Bitcoin es mucho más que eso, dada su emisión decreciente programada y el límite máximo de 21 millones, se convierte en el primer activo digital absolutamente escaso de la humanidad. En un mundo de monedas fiduciarias con emisión sin límite e inflación creciente, Bitcoin ofrece una nueva forma de propiedad privada digital inconfiscable, con muy bajos costos de almacenamiento y accesible para todas las personas del planeta. Bitcoin combina lo mejor del oro —neutralidad política y escasez—, para preservar valores a lo largo del tiempo, con lo mejor del dólar —pagos digitales internacionales—, para mover valor a lo largo y ancho del planeta. Por ello, es probable que Bitcoin sea la mejor forma de dinero que haya conocido la humanidad jamás.

ECONOMÍAS CIRCULARES

El término *economía circular* comenzó a utilizarse en la literatura occidental en la década de los 80 para describir sistemas cerrados de interacciones circulares entre la economía y el medio ambiente. Su interesante enfoque original apunta al reciclado de

materiales, la reducción de los residuos y la retroalimentación de sistemas vivos no lineales.

Sin embargo, en el ecosistema Bitcoin se ha comenzado a utilizar el concepto de *economía circular* en referencia a las comunidades pioneras en la adopción de Bitcoins y Satoshis[6] (o *sats*) como medio de pago. La razón por la cual se introduce este término, es que han observado como esos Satoshis que llegan a la comunidad suelen circular en forma recurrente a través de sus comercios, emprendedores locales y jóvenes, generando cadenas de valor entre sus miembros. Paradójicamente, la relativa falta de opciones para gastar esos *sats* fuera de las comunidades hace que sean gastados dentro de ellas, multiplicando su impacto económico y el desarrollo de dicho ecosistema. Los *sats* iniciales suelen venir de múltiples fuentes, como donaciones altruistas, remesas de familiares en el exterior o salarios de trabajadores remotos. Cuando los ingresos en Satoshis de la comunidad adquieren una cierta masa crítica, los comercios de la zona comienzan a aceptar Bitcoin como medio de pago, y es ahí

---

6 Unidad mínima de Bitcoin equivalente a 1/100.000.000.
Si en algún momento el Bitcoin llegara a valer un millón de dólares,
un satoshi sería equivalente a 1 centavo.

cuando las ventajas circulares comienzan a suceder. Vale aclarar que esta adopción por parte de los comercios locales suele requerir inicialmente de un importante esfuerzo de los equipos comunitarios de las ECB en educación y soporte. Estos grupos de adopción temprana de Bitcoin nos permiten visualizar cómo podría llegar a lucir el mundo si su uso se continúa popularizando a nivel global. Esta es una de las razones que hace que las Economías Circulares de Bitcoin sean tan interesantes y atraigan un significativo interés turístico, aportando nuevos *sats* y acelerando el crecimiento y desarrollo económico. El concepto de *economía circular* utilizado a lo largo de este libro hace referencia a ese proceso por el cual la energía económica de Bitcoin comienza a derramarse en una determinada comunidad y a generar un círculo virtuoso de riqueza, educación, innovación y empoderamiento de sus habitantes.

NOTA DEL EDITOR

Este libro está basado en entrevistas realizadas a todas las personas mencionadas en los distintos capítulos. Estas fueron realizadas en los idiomas maternos de los entrevistados (inglés, portugués y español) y luego traducidas al idioma de este libro.

El lector además encontrará links o códigos QR de direcciones Bitcoin al final de cada capítulo, en caso de querer realizar alguna donación directa a cada una de las economías circulares y así potenciar su desarrollo.

EL BLOQUE GÉNESIS

LA PRIMERA ECONOMÍA CIRCULAR
DE BITCOIN DEL MUNDO

Proyecto: **Bitcoin Beach.**
Ubicación: **El Zonte, El Salvador.**

CAPITULO 1

EL COMIENZO

Cuando las personas se imaginan una playa tropical de arenas volcánicas, aguas templadas y olas soñadas para el surf están describiendo El Zonte, en El Salvador. Resulta difícil pensar que ese paraíso natural fue el campo de batalla de las pandillas más salvajes y violentas de Latinoamérica durante décadas. Según un informe de UNICEF, en 2015 la tasa de homicidios era de 103 cada 100.000 habitantes. El resultado fueron miles de niños huérfanos y vulnerables a ser reclutados por el narcotráfico, donde la única opción de una vida mejor parecía ser la emigración a los Estados Unidos.

Chimbera nació en la comunidad de El Zonte, donde las oportunidades estaban divididas por una carretera, que separaba la playa de la montaña. *"En el pasado si nacías en la playa, eras pescador, como mi padre y mi abuelo. Si nacías en la montaña, eras agricultor; mientras que las mujeres eran principalmente amas de casa. El único sueño posible de crecimiento para los jóvenes era poder emigrar a Estados Unidos o Canadá. Aprendimos con tristeza que allí era donde estaban las oportunidades, la tierra de la libertad donde los sueños supuestamente se hacían realidad"*. Paradójicamente, estas palabras salen de una boca que sonríe. Es muy fácil enamorarse de la sonrisa de Román Martínez; los que lo quieren le dicen "Chimbera". Su alegría contagiosa viene de alguien que conoce en profundidad los lados más oscuros en los que puede caer una sociedad. Su sonrisa cuenta una historia de superación colectiva, donde un grupo de personas creyeron que un futuro mejor era posible y, sin expectativas pero con una determinación incansable, transformaron un pueblo de pescadores de uno de los países más pobres y violentos del mundo en un polo de innovación tecnológica y desarrollo humano. Algo inusual en la historia moderna. Chimbera mira al cielo antes

de continuar reflexionando sobre los sueños. *"Nosotros creemos en Dios y en la ley de la atracción de diferentes cosas, pero es fundamental creer en algo que te mueva a comprometerte y trabajar todos los días por ese sueño. Al comienzo, el sueño era ayudar a que los chicos tuvieran más oportunidades en la comunidad, mantenerlos fuera de la delincuencia y hacer que ellos comenzaran a soñar".* El problema, resalta Román, es que muchas veces te dicen "lucha por tus sueños" pero no te dan las herramientas o los conocimientos necesarios para poder alcanzarlos. *"Así comenzó nuestro sueño: Jorge juntándose en la calle con los niños, dándoles apoyo y ayudándolos a soñar con un futuro mejor".*

Es difícil no emocionarse con Jorge Valenzuela cuando explica, con lágrimas en los ojos, por qué decidieron crear Hope House. *"Nosotros buscábamos darles a estos niños las oportunidades que nuestros amigos no tuvieron y por lo cual muchos de ellos ya no están aquí con nosotros".* Como la mayoría de los habitantes de El Zonte, él también tiene una historia para contar. Unos veinte años atrás, Jorge vivía de la agricultura. Amaba el surf y le gustaban las olas, pero la triste realidad a su alrededor lo obligaba a tener los pies en la tierra. Por entonces, el mercado laboral sólo ofrecía dos opciones: convertirse en pandillero o ser contratado como seguridad privada en alguna propiedad. La triste y violenta realidad de aquellos años presentaba un callejón sin salida. *"Faltaban oportunidades laborales, educativas y de superación personal en general. Ante esta carencia, muchos buscaban emigrar y buscarlas en otro lado",* expone Jorge con claridad .

En aquellos años, por las mañanas, cuando el sol comenzaba a asomarse en las montañas, Jorge sabía lo que quería hacer. Tomaba su tabla y bajaba a la playa de arenas negras. Allí, de espaldas, con la tabla clavada en la arena y la mirada en el horizonte, lo esperaba Hirvin. Juntos aprendieron a leer el mar, a sentir la dirección del viento. Solían advertir a los extranjeros sobre las corrientes traicioneras que arrastraban mar adentro a los desprevenidos y con el tiempo comenzaron a transmitir sus conocimientos sobre el mar y el surf a los más pequeños de la comunidad. La paciencia es la mayor virtud de los surfistas porque el que sabe esperar, es el que logra montar la ola perfecta. Ambos pasaban las tardes sentados sobre las tablas, buscando la mejor estrategia para salir adelante, para ayudar a su comunidad. Fue allí, flotando en el mar, dónde Hirvin y Jorge identificaron un área con enorme potencial. *"Tomamos el turismo como herramienta principal, como una ventana que nos conectaría con otros países, a quiénes mostrarles la belleza de nuestra tierra e invitarlos a conocer nuestra comunidad"*. Ellos confiaban que podrían generar nuevos puestos de trabajo en el pueblo. *"Yo era instructor de surf en esa época y sentía dentro de mí que ese deporte sería fundamental para todo lo que sucedió después en El Zonte"*, cuenta Jorge.

Nadie hubiese podido imaginar que en aquella playa, rodeada de casas humildes y calles de tierra, surgiría la primera economía circular de Bitcoin del mundo. Pronto, los caminos de Jorge e Hirvin se cruzarían con la persona que cambiaría sus vidas. *"Por alguna razón del destino, personas como Mike, Melissa, Carlos y Alex decidieron mudarse a El Zonte y dedicar su tiempo y esfuerzo a ayudar a nuestra comunidad"*, recuerda Jorge. La playa y el surf fueron su punto de encuentro. *"Nosotros éramos niños, recuerdo que empezaron a enseñarnos inglés, nos pusieron en contacto con los turistas que llegaban y ese intercambio cultural fue lo que comenzó a cambiar nuestra mente. Esto nos permitió soñar, algo a lo que no estábamos acostumbrados en El Zonte. Ellos nos mostraron que, sin importar las circunstancias, si tenemos sueños y nos comprometemos con ellos, las cosas pueden cambiar"*. Jorge evoca la figura de Mike Peterson y en un pequeño gesto se advierte que su vida pudo haber sido muy distinta si no lo hubiese conocido.

Con la incorporación de Mike al proyecto, comenzaron a sistematizar el trabajo comunitario en la playa. La idea era simple: crear oportunidades y esperanza para los más jóvenes. Empoderarlos como líderes y darles las herramientas necesarias para que no tengan que emigrar ni involucrarse en las pandillas. *"Llenar el tanque de amor de los niños"*, como define Jorge con sus propias palabras. *"Cuando nosotros éramos pequeños nos enseñaron*

algunas palabras en inglés, nos ayudaron a leer y escribir mejor, pero fue cuando nació mi hija, que hoy tiene 17 años, que entendí que habíamos sido niños con un tanque de amor vacío". Una comunidad donde los chicos crecían sin padres ni hermanos mayores presentes que les dieran amor, contención y un ejemplo a seguir. *"Todos tenemos un tanque, puede estar vacío o puede llenarse de amor y esperanza. Eso era lo que necesitaban los niños de nuestra comunidad"* Mike no fue sólo un gringo de ojos claros que llegó a El Zonte y se enamoró de sus playas y su gente. Peterson llegó como un surfista pero al poco tiempo se convirtió en un fabricante de sueños.

El centro comunitario Hope House es el corazón de El Zonte y de Bitcoin Beach. Viajeros de todo el mundo visitan el lugar donde nació la primera ECB y contribuyen con sus Sats al crecimiento circular de la comunidad.

ANTES DE BITCOIN BEACH

Mike se reclina sobre la silla, como tomando envión. Uno de esos pequeños gestos que tienen las personas cuando buscan en la memoria y piensan: es una larga historia. *"Bitcoin Beach en realidad no comenzó como un proyecto Bitcoin. Comenzó como un proyecto para dar esperanza a los jóvenes de El Zonte"*. El Salvador tiene una historia realmente trágica que incluye una larga guerra civil, fruto de los conflictos internacionales derivados de la guerra fría. Con el comienzo de la era democrática, las pandillas llenaron el vacío institucional y comenzaron a dominar la vida en muchas comunidades mediante la violencia. El crimen, en este caso muy organizado, generó una ola de pobreza que barrió las pocas oportunidades económicas que comenzaban a surgir luego de la guerra. *"La gente se mostraba reacia a iniciar negocios. Si lo hacían, se convertían en un blanco de las pandillas. Entonces, observamos que eran adultos, específicamente hombres y con el tiempo también mujeres, quienes abandonaban el país hacia los Estados Unidos en búsqueda de trabajo para ayudar a sus familias"*. Esto generó que sus hijos crecieran sin ninguna supervisión de los padres, lo que era aprovechado por las pandillas para reclutarlos y someterlos a una vida de violencia y criminalidad. *"Esto lo vimos en El Zonte de primera mano. Un ciclo continuo de personas que no podían encontrar trabajo en la comunidad debido a las pandillas, la violencia, el abandono de sus hijos y la repetición de ese ciclo trágico. Estos niños crecían sin nadie cerca y eran presa fácil de los malhechores"*.

Jorge, Hirvin y Mike decidieron sistematizar el proceso de apoyar a los niños para continuar con su educación y, al mismo tiempo, proporcionar una especie de figuras paternas, o hermanos mayores, a la que estos niños pudieran recurrir. *"Esa fue realmente la visión de Jorge e Hirvin, ellos se habían criado allí y habían experimentado ese tipo de tragedias*

en sus propias vidas. Querían marcar una diferencia en su comunidad", recuerda Mike. Los tres comenzaron esta nueva etapa del proyecto alrededor de 2016. Simplemente pasando tiempo con los niños, animándolos en su trabajo escolar y con pequeñas celebraciones adicionales si obtenían buenas calificaciones. *"Realmente, sólo tratábamos de pasar tiempo con ellos y trabajar con algunas iglesias locales de la comunidad que se enfocaban en los jóvenes"*.

Aquella fue la génesis del proyecto comunitario sin fines de lucro llamado Hope House, cuyo objetivo inicial fue el de ayudar a los jóvenes de El Zonte a avanzar en sus estudios, darles contención comunitaria y la esperanza de un futuro en su país. Lo interesante de conocer la historia de Bitcoin Beach de boca de sus fundadores es que se aprecia cómo el destino de un pueblo de pescadores primero, y de todo un país después, cambió en forma radical en poco tiempo. De la misma manera, es importante resaltar que, antes de la llegada de Bitcoin, este grupo de emprendedores sociales soñaron con la posibilidad de transformar su realidad. Lo hicieron a través de fortalecer los lazos humanos, acompañar y contener a los jóvenes y crear oportunidades laborales para permitirles soñar con un futuro mejor. Bitcoin habilitó un rascacielos de posibilidades para ellos, pero fue el trabajo social de Hope House, iniciado una década antes, lo que asentó los cimientos de la primera economía circular de Bitcoin.

" BITCOIN, NO GENERA AUTOMÁTICAMENTE ECONOMÍAS CIRCULARES, EL TRABAJO SOCIAL COMUNITARIO ES FUNDAMENTAL PARA LIBERAR SU POTENCIAL REVOLUCIONARIO "

Jorge Valenzuela, cofundador de Hope House y Bitcoin Beach.

Jorge Valenzuela con la nueva generación de Hope House, en El Zonte.

El Programa Educativo de Hope House le otorga acceso digital y herramientas financieras a niños en El Salvador para construir sus sueños.

> # " BITCOIN ABRE OPORTUNIDADES A LAS PERSONAS QUE HISTÓRICAMENTE SE HAN VISTO OBLIGADAS A PERMANECER AL MARGEN. SIN DINERO JUSTO, ES DIFÍCIL TENER UN MUNDO JUSTO "

Mike Peterson, cofundador de Hope House y Bitcoin Beach

LOS PRIMEROS SATS

Mike hace una pausa para buscar en su memoria las palabras adecuadas: *"Con el correr de los años, diferentes personas comenzaron a acercarse y apoyar a Hope House con pequeñas donaciones. Un día, en 2019, recibimos una oferta de un individuo para apoyar nuestros esfuerzos, pero debía ser con Bitcoin"*. En primera instancia no trazó relación alguna con lo que estaba haciendo en la comunidad. *"Hasta ese momento, nunca habíamos pensado en Bitcoin"*. Una donación es una donación. Además, sucedía que cuando la gente quería donar e intentaba hacerlo a través del sistema financiero tradicional, siempre era un gran problema.

Una vez que recibieron esta donación empezaron a pensar: *"¿Cómo podemos usar esto? ¿Vamos a traerlo e intentar convertirlo en dólares? El donante nos animó a intentar que la gente usara Bitcoin en nuestra comunidad. Eso fue lo que comenzó a dar forma a la visión de lo que luego se convirtió en Bitcoin Beach"*. Ellos tenían algunas ideas sobre cómo estimular el consumo local y las oportunidades laborales para las personas de la comunidad, pero fue el uso de Bitcoin lo que realmente comprimió esa idea y los obligó a pensar creativamente en cómo podían asegurarse que este nuevo valor tuviera la máxima circulación posible dentro de los límites del pueblo. Al principio era sólo algo práctico, intentar maximizar el impacto económico. *"No teníamos idea de las formas en que Bitcoin cambiaría profundamente el pensamiento de nuestra gente a lo largo del camino. Comenzar a usar Bitcoin en El Zonte impulsó el trabajo y nuestros propósitos hacia nuevos horizontes. Pasó de ser un proyecto muy pequeño, en el que solo pasábamos unas horas a la semana involucrados, a ser algo a lo que hoy le dedicamos nuestras vidas"*. En ese momento, el equipo de Hope House comenzaba lentamente a entender los posibles beneficios de Bitcoin, pero sin comprender en profundidad la magnitud de una economía circular. Al mismo tiempo, se estaba gestando un movimiento comunitario

alrededor de Bitcoin en el resto de Latinoamérica. Para entonces, países con alta inflación como Argentina y Venezuela ya contaban con altos niveles de adopción de esta moneda digital descentralizada, así como también con múltiples emprendimientos y conferencias reconocidas mundialmente. *Labitconf*, por ejemplo, comenzó en diciembre de 2013 como la primera conferencia Bitcoin de Latinoamérica y once años más tarde continúa siendo uno de los proyectos sin fines de lucro que más ha contribuido al desarrollo educativo, tecnológico y financiero de la región. Su séptima edición se realizó en Uruguay en 2019 y el evento marcaría un hito importante en el camino de Bitcoin Beach. Aunque eso nadie lo sabía en aquel entonces.

Cerca de septiembre de 2019, Mike comenzó a compartir información sobre Bitcoin con Jorge y con Chimbera. Intentó que tuvieran una comprensión básica de esta tecnología, pero era algo totalmente nuevo para ellos. *"Para ser honesto, creo que en ese momento todavía había una sensación dentro de la comunidad local de que esto de Bitcoin era simplemente una idea loca mía y no realmente algo mundial. No entendían el movimiento global que había detrás de Bitcoin"*, evoca Mike. Mientras él intentaba educar a los jóvenes líderes sobre la tecnología Bitcoin, en Uruguay se aproximaba el evento que reuniría nuevamente a la comunidad *bitcoiner* internacional. Los senderos estaban a punto de cruzarse.

LA COMUNIDAD DE LATINOAMÉRICA

"Ir a Labitconf en Uruguay fue un gran hito para nosotros, porque fue ahí cuando los otros líderes del proyecto realmente captaron la visión y pensaron: «Está bien, esto no es solo una idea loca de Mike»". En ese momento entendieron que Bitcoin era algo mucho más grande de lo que pensaban. *"Nos dimos cuenta de que había personas en todo el mundo entusiasmadas con la idea de que surjan economías circulares de Bitcoin y que tengan un impacto positivo real en las comunidades locales. Sin asistir a Labitconf, no habríamos tenido la motivación y el impulso para seguir adelante"*. Mike pensaba que encontraría otras comunidades circulares de Bitcoin en la conferencia, a quienes poder copiar y seguir como modelo. Pero una vez que llegaron, se dieron cuenta de que ese no era el caso. *"La gente nos decía que nosotros estábamos más avanzados que los demás. Eso fue emocionante y a la vez desalentador. Fue apasionante estar abriendo nuevos caminos, pero al mismo tiempo sentí que si nadie había hecho esto antes, tal vez no sería posible"*. Afortunadamente, el equipo estaba tan entusiasmado después de la conferencia, que ni siquiera pensaron en las complejidades de lo que estaban por hacer. *"Seguimos adelante, aún más motivados y decididos"*, recuerda Mike con una sonrisa.

La sorpresa de Mike coincide con la de Chimbera cuando evocan el mismo recuerdo. *"Es increíble pensar que nuestro proyecto haya sido la primera economía circular de Bitcoin a nivel mundial, ¿verdad? Y que hoy ese sueño esté sirviendo de inspiración a muchas comunidades alrededor del mundo. Me emociona pensar que el sueño de una región tan pequeña como la de El Zonte se haya convertido en el sueño de todo el país"*. La relación entre el Bitcoin y El Salvador recién comenzaba a escribirse, pero no nos adelantemos. Uno de los aspectos más interesantes de la comunidad de Bitcoin Beach es que para ellos Bitcoin siempre fue una herramienta, quizás la mejor, pero nunca perdieron de foco su objetivo principal:

llevar oportunidad, esperanza y bienestar a su gente. Esto quedó claro cuando a comienzos de 2020 la pandemia de COVID azotó al mundo y golpeó particularmente con dureza a las comunidades más vulnerables del planeta. El Zonte era una de las primeras en la lista.

LA PANDEMIA

"En esos dos años cambiamos nuestro enfoque y comenzamos a hacer algo parecido a una renta básica universal en Bitcoin para toda la comunidad. Es muy importante tener cuidado cuando se hacen este tipo de programas porque no quieres crear más problemas de los que solucionas", recuerda el hombre que llegó a El Zonte en busca de olas. Surfear es un ejercicio que requiere de una gran observación y capacidad de improvisación. Adaptarse rápido a lo inesperado quizás sea el mayor desafío para un estadounidense que se propone vivir en tierras salvadoreñas, una virtud que el equipo de Bitcoin Beach llevó a la práctica a la hora de enfrentar una situación sin precedentes. *"Históricamente, hemos visto muchos programas de ayuda en los que se crea dependencia económica o impactan en la economía local de maneras imprevistas, que pueden ser negativas para los comercios locales"*. Sin embargo, a pesar de tener esto muy claro, durante este periodo el equipo no tuvo alternativa: la situación era tan crítica que estaba claro que los beneficios superarían ampliamente las posibles complicaciones. *"La gente literalmente pasaba hambre. No tenían la oportunidad de trabajar, así que no teníamos que preocuparnos de desincentivarlos a trabajar o hacerlos depender de las limosnas. No tenían otras opciones"*. Paradójicamente, como consecuencia, este apoyo de la comunidad aceleró la adopción de Bitcoin en un período de tiempo muy corto. Además, en ese momento, como resultado de las preocupaciones sobre el COVID, la gente buscaba sistemas de pago móvil para evitar tocar el efectivo, mientras tenían mucho más tiempo disponible para aprender sobre Bitcoin. *"Estaban aburridos en sus casas sin nada que hacer,*

por lo que pudieron empezar a ver videos en YouTube sobre Bitcoin", resalta Mike, quien en cada dificultad encuentra una oportunidad.

"Poco después, Iván y el equipo de Bitcoin for Humanity (B4H) nos ayudaron a comenzar nuestro primer programa educativo para los líderes de nuestro equipo. Esto fue realmente crítico porque muchos de ellos conocían los conceptos básicos sobre Bitcoin, pero les resultaba difícil profundizar a la hora de explicárselo a otras personas de la comunidad". Este curso resultó ser muy importante para acelerar la adopción por parte de los dueños de las tiendas. Sin embargo, dado el limitado español de Mike, era difícil para él explicar las ventajas de Bitcoin en detalle, por lo que la capacitación de los líderes salvadoreños del equipo fue de gran ayuda para que en El Zonte comenzaran a entender de qué se trataba Bitcoin de la boca de sus propios vecinos.

Desde 2018, quienes hemos contribuido a Bitcoin for Humanity[1] (B4H) tenemos un objetivo en común: promover el desarrollo y visibilizar proyectos de código abierto y descentralizados que tengan un impacto positivo para la humanidad. Cuando en nuestro camino nos cruzamos con el equipo de Bitcoin Beach, fue claro para nosotros que debíamos encontrar la forma de contribuir a lo que allí se estaba gestando. La idea fue simple: convocamos a decenas de expertos de distintas áreas de Bitcoin para ofrecer un curso educativo gratuito al flamante grupo de líderes de Bitcoin Beach. Entre ellos estaban Grace, Solange, Vojtech e Iván. Este último dedicó en aquel entonces gran parte de su tiempo a coordinar las acciones de B4H en el terreno. Además, realizó las entrevistas, es coautor de este libro. Mucho antes de que Bitcoin se presentara en su vida, Iván se encontraba en una búsqueda personal, en un propósito. Bitcoin le permitió entender las injusticias del sistema financiero tradicional que él había sufrido de primera mano, y luego Bitcoin Beach le demostró que se podía construir un futuro diferente para las personas que más lo necesitan. Hoy él y B4H están principalmente dedicados a visibilizar proyectos educativos y economías circulares de Bitcoin, así como también proyectos

---

1 X: @b4_humanity

construidos sobre tecnologías descentralizadas y abiertas con impacto social positivo. *"Parte de lo que sucede ahora en Bitcoin Beach es gracias a Bitcoin for Humanity. Fueron clave en nuestros inicios; cuando no existía ningún curso de Bitcoin encontramos una escuela donde nosotros podíamos aprender los conocimientos básicos. Siempre les vamos a estar agradecidos por ese apoyo educativo en los comienzos, que fue clave para que nuestra comunidad terminara de entender el potencial transformador de Bitcoin"*, recuerda Chimbera con cariño. Mabel Álvarez, quien es hoy una de las principales líderes jóvenes de Hope House, fue una de las participantes de ese curso. *"Fue muy fuerte aprender a usarlo para pagos en el día a día, así también como una herramienta para ahorrar. Fue interesante ver cómo los jóvenes de la comunidad fuimos aprendiendo a usar esta nueva tecnología, al mismo tiempo que comprendíamos la importancia de ahorrar y pensar en nuestro futuro".*

A finales de 2019, cuando el proyecto de Bitcoin Beach comenzaba a cobrar un fuerte envión, las cuarentenas impuestas por el COVID golpearon de lleno a El Zonte y su gente. La Pandemia, la falta de trabajo y los desafíos de la educación virtual exacerbaron las vulnerabilidades de la comunidad. Dentro de la estructura de Hope House, el rol de dichos líderes se volvió crítico. Mabel era una de ellas, se unió a los fundadores para colaborar en el apoyo escolar a los niños. Ella, al igual que el resto de los líderes de la comunidad comparten la fuerza y convicción de esas personas que encuentran un propósito compartido y empujan hacia adelante, sin mirar atrás. Sin saberlo, Bitcoin también había comenzado a cambiar su vida. *"Cuando me acerqué a Hope House, el equipo ya estaba haciendo apoyo escolar y social. Primero acompañaban a los chicos a surfear o al skate park y luego comenzaron a darles una cantidad de sats si estaban al día con sus tareas escolares".* En ese entonces fue cuando los niños comenzaron a usarlos en la tienda de Mamá Rosa, quien era conocida por vender las pupusas (similares a los tacos) más buscadas en El Zonte. Ella fue la primera en aceptar *bitcoins* en la zona. Los niños comenzaron a pagar el crédito de internet y a comprar sus pupusas, todo con Bitcoin. *"Al poco tiempo que me sumé llegó la pandemia. Tuvimos que dejar de juntarnos, no podíamos salir de nuestras casas. Esto hizo que comenzáramos a tener problemas con los niños y la escuela, iban a perder su año escolar porque no estaban haciendo sus tareas, no entregaban las guías y todo pintaba muy mal".* En ese momento el equipo tomó una decisión indeclinable: no podían permitir que los niños perdieran su año escolar. Entonces crearon un plan donde pasaban en grupos a visitar sus casas y a ver cómo estaban con sus tareas. Identificaron que muchos no tenían acceso a internet, lo cual era clave para realizarlas online. *"Llegamos a ser un equipo de seis tutores recorriendo las casas de más de 120 niños de El Zonte, ayudándoles en sus tareas y con el acceso a internet. Los niños recibían sats por sus avances y nosotros, los coaches, también cobrábamos un estímulo en bitcoins por nuestro tiempo".* Al principio, los padres de los niños dudaban un poco, sobre todo cuando ellos les pedían permiso para descargar la *wallet* en sus celulares, pero rápidamente entendieron lo importante del programa para sus hijos. Es interesante resaltar que fueron precisamente los niños quienes aprendieron a utilizar Bitcoin primero. Y de la mano de ellos, se expandió a sus padres y al resto de la comunidad. *"Todos los niños pasaron de año, lo cual fue un logro enorme y una gran satisfacción personal. También es superlindo saber que la mayoría de ellos hoy son coaches y miembros activos de la comunidad de Hope House",* sostiene Mabel, orgullosa de cómo la autodeterminación les permitió salir adelante en una situación extremadamente compleja. Por un lado, sus esfuerzos durante la pandemia describen la voluntad de un equipo dinámico en un contexto sumamente difícil. Por el otro, la actitud de los niños, que permitió incentivar la adopción de la tecnología a los adultos. Esta extraordinaria característica de superación y voluntad se ha convertido hoy en un símbolo de El Zonte, que inspira a otras comunidades a nivel global.

El nivel de aceptación para pagos cotidianos que se desarrolló en Bitcoin Beach no tenía precedentes en aquel entonces. Esto hizo que la comunidad de El Zonte se enfrentase a problemas que no habían sido identificados anteriormente. Durante el año 2020, a raíz de múltiples factores, las transacciones de Bitcoin *"on-chain"*, o sobre la cadena principal, se volvieron muy costosas. Si bien esto es algo que puede ser aceptable para quien utiliza Bitcoin como reserva de valor de largo plazo y realiza pocas transacciones, estos

costos eran prohibitivos para los micropagos que se realizaban en forma cotidiana en El Zonte. Por suerte, el ecosistema ha venido trabajando en una capa superior sobre Bitcoin llamada "Lightning network"[2]. Esta permite hacer cientos de micro transacciones (menos descentralizadas, aunque menos seguras, pero mucho más económicas), ideales para casos de uso cotidianos como los de la comunidad de Bitcoin Beach.

Otro de los problemas que encontraron los líderes de Bitcoin Beach fue que las billeteras de auto custodia, que permiten al usuario administrar sus propias llaves privadas y no depender de terceros, son aún difíciles de usar y exponen a los usuarios iniciales a la pérdida de los fondos en caso de que pierdan sus *backups*[3]. Pero dichas complicaciones no frenaron la determinación de estos líderes en aportar soluciones para su comunidad. Por el contrario, estos desafíos dieron lugar al desarrollo de la primera billetera[4] Lightning, especialmente diseñada para ser utilizada en economías circulares, la cual actualmente ha sido adaptada, compartida y usada por otras economías circulares de Bitcoin. Pero no nos adelantemos.

LA BILLETERA

Mike encoge los hombros antes de responder. Sabe que la tecnología evoluciona más rápido que los seres humanos y que las soluciones en el terreno necesitan de la creatividad de los desarrolladores para liberar el potencial de Bitcoin. *"Originalmente, cuando comenzamos*

---

2 *La traducción al español sería red relámpago, pero continuaremos utilizando "Lightning", ya que es como habitualmente se la denomina en el ecosistema.*
3 *Las billeteras de autocustodia requieren que los usuarios conserven una semilla, o seed, para poder recuperar el acceso a los fondos en caso de extravío del dispositivo.*
4 *Actualmente renombrada Blink. Más información en www.blink.sv/*

El surf jugó un papel clave en el desarrollo de El Zonte. Es un deporte que crea una profunda conexión con la naturaleza y genera nuevas oportunidades de trabajo como instructores y salvavidas.

con el proyecto, usábamos transacciones de Bitcoin «on-chain»[5]. Esa era la única forma en que la gente usaba Bitcoin en ese momento". El equipo se enfocó en varias opciones de billeteras de código abierto y la comunidad las comenzó a usar sin problemas. En aquellos días, las tarifas (*fees*) de la red Bitcoin eran muy bajas, alrededor de 0,25 dólares por transacción. Si bien no era lo ideal, permitía sin problemas hacer los pagos cotidianos de la comunidad. Sin embargo, a medida que las tarifas de Bitcoin empezaron a aumentar a fines de 2019, comenzó a resultar muy difícil para las personas lidiar con las comisiones de red de 2 dólares (o incluso más) en algunas de estas transacciones. Otro problema era que muchas de las tiendas recibían pequeños pagos y cuando querían mover dichos fondos las tarifas eran muy altas, porque estaban sumando cientos de transacciones pequeñas, cada una con su tarifa de red correspondiente. *"Eso ni siquiera lo entendíamos en su momento, ahora sabemos que se llama el problema del polvo[6] (dust), por lo que en ese momento decidimos comenzar a utilizar la capa dos sobre Bitcoin, llamada Lightning network".*

La red Lightning permite abrir "canales de pago", donde se registran *on-chain* solo las transacciones de apertura y clausura del canal, mientras que en el medio el usuario puede realizar cientos de transacciones de menor volumen con comisiones mucho más bajas. Cuando Bitcoin Beach comenzó a utilizar Lightning el protocolo aún se encontraba en etapa experimental, prácticamente nadie lo estaba utilizando a gran escala. *"Todo el mundo nos decía que Lightning no estaba listo y que aún faltaban 18 meses para que el desarrollo estuviera maduro, pero no teníamos otra opción",* se anticipa Mike antes de continuar. *"El Zonte no podía esperar, las comisiones de Bitcoin se hicieron demasiado caras y pasarse a Lightning era la única forma de mantener la economía circular viva".* Se podrá decir que tuvieron coraje o una saludable dosis de inconsciencia. Lo cierto es que no había muchas opciones. Inicialmente utilizaron la billetera Wallet Of Satoshi y funcionó bien. En un

---

5 *Son transacciones que se registran en la cadena principal de Bitcoin,*
lo cual implica costos más altos que al utilizar capas superiores sobre Bitcoin como ser la Lightning network.
6 *Se denomina así a pequeñas cantidades de Satoshis almacenadas en distintas transacciones (UTXOs)*
que requieren de proporcionalmente mucho gas para poder ser gastadas.

comienzo no tuvieron problemas y la experiencia de usuario era muy buena. Sin embargo, con el tiempo, empezaron a tener algunos inconvenientes cuando las personas perdían el acceso a sus cuentas. No era culpa de la wallet of satoshi, solo que los usuarios perdían sus contraseñas o sus credenciales de inicio de sesión. *"No sabíamos cómo resolver este problema, era un gran dolor de cabeza"*, recuerda Mike. Un par de meses después, los fundadores de Galoy[7] se acercaron para decir que habían oído hablar de lo que estaba sucediendo en Bitcoin Beach. Esta empresa estaba en el proceso de crear una billetera Lightning y querían que fuera una especie de banca comunitaria. Los fundadores de Galoy vieron en Bitcoin Beach un terreno de prueba ideal para comprender cómo diseñar la billetera para que pudiera servir a quienes más necesitaban de Bitcoin. *"Elaboramos un acuerdo en el que básicamente nos proporcionaban la billetera de forma gratuita. Integrarían las diferentes funciones que pensábamos que necesitaría la billetera y, a cambio, les daríamos comentarios y devoluciones reales de los usuarios en el terreno"*. Eso les permitió ver cómo la gente usaba la billetera y, al mismo tiempo, también asociarse con un proyecto comunitario que estaba comenzando a ganar notoriedad. *"Fue una experiencia maravillosa y muy beneficiosa para todos. De hecho, han sido grandes socios en este proceso. Nicholas, el desarrollador principal, vino y pasó un par de meses con nosotros en el terreno, observando a la gente en las tiendas y los problemas que tenían"*. Una cosa es decirle a un desarrollador lo que necesita la billetera si está sentado en la oficina de un piso 52 y otra muy diferente es ver a un usuario cometiendo errores al intentar abrir su billetera, sin entender cuál debería ser su siguiente paso o bien ser testigo de una transacción que no se lleva a cabo porque se interrumpió el servicio de internet. *"Les ayudó a ver lo que la gente de los mercados emergentes necesita en una billetera Lightning. Como resultado, fueron integrando al sistema todos los cambios que fuimos detectando, siempre a medida que avanzábamos. Creo que la billetera Bitcoin Beach (actualmente llamada Blink), desarrollada por Galoy, ha sido fundamental para el éxito de nuestro proyecto"*, reza Mike juntando sus manos en señal de agradecimiento.

---

7 galoy.io/

En muchas ocasiones, las billeteras son desarrolladas por usuarios de Bitcoin que ya tienen experiencia, mientras que la mayoría de ellos no tendrán esas habilidades. La pericia en el diseño de la billetera de Bitcoin Beach le ha hecho valorar aún más a Mike la importancia de este aspecto: *"A menudo pienso que las personas en el ecosistema de Bitcoin subestiman lo importante que es la experiencia del usuario y lo crucial que será para una adopción amplia. Por eso creo que es muy importante que hagamos que Bitcoin sea más fácil de usar que cualquier otro sistema de pago"*.

En junio de 2021 sucedió algo sin precedentes en El Salvador (y en el mundo). Inspirado en el éxito económico y social de Bitcoin Beach en El Zonte, el flamante presidente de El Salvador, Nayib Bukele, anunció en la conferencia Bitcoin 2021, en Miami, que el país adoptaría a Bitcoin como segunda moneda de curso legal obligatorio, además del dólar estadounidense. Lo cual implica que cualquier producto o servicio tiene que ofrecer la posibilidad de procesar un pago en esa moneda si el cliente lo desea. Es importante resaltar que El Salvador ya había abandonado el uso de su moneda, el Colón, desde finales del año 2000, dolarizando completamente su economía. Al no tener moneda propia, el gobierno salvadoreño ya había abandonado la posibilidad de financiar desequilibrios fiscales imprimiendo moneda a través del impuesto inflacionario. Pero al mismo tiempo su población sufría costos abusivos en los corredores de remesas, los cuales son vitales para esta población.

El anuncio y la posterior entrada en vigencia de la Ley Bitcoin, el 7 de septiembre de 2021, posicionó al país en la frontera de la innovación tecnológica financiera, y presentó múltiples oportunidades y algunos desafíos. Una de las ventajas inmediatas que generó la adopción de Bitcoin fue bajar el costo de las remesas que anualmente entran a El Salvador y son una parte vital de su economía. Aproximadamente, el 25 % del PBI del país se genera por los ahorros que los exiliados envían desde la diáspora a sus familiares. Estas remesas históricamente estaban sujetas a comisiones monopólicas y abusivas, que ahora se ven obligadas a competir con la eficiencia y el bajo costo de la red Bitcoin y Lightning. Pero volveremos sobre esto más adelante. Al mismo tiempo, si Bitcoin Beach se había convertido en una cuna de peregrinaje y turismo *bitcoiner*, la adopción de Bitcoin como moneda de curso legal convirtió a todo el país en un punto central y neurálgico del ecosistema Bitcoin a nivel mundial. Conferencias internacionales, radicación de empresas y nómades digitales, crecimiento exponencial de turismo, inversiones en minería Bitcoin e infraestructura energética renovable, han sido parte del abanico de las consecuencias positivas de esta nueva estrategia. Fue el inicio de un cambio de imagen del país, que luego abarcaría otros temas.

No todo ha sido un viaje sin tormentas, ni turbulencias, tal como les sucede a todos los pioneros que deciden navegar por aguas desconocidas. La implementación de la billetera oficial del gobierno llamada "Chivo" ha sido blanco de muchas críticas. Al mismo tiempo, en El Salvador ha ocurrido algo muy curioso: a lo largo y ancho del mundo, la adopción de Bitcoin ha sido de abajo para arriba[8]. Así surgen la sumatoria de acciones individuales de personas que, por diversas razones, deciden comenzar a utilizar Bitcoin como reserva de valor y/o medio de pago, y encuentros de entusiastas, conferencias, programas educativos y emprendimientos sin ningún tipo de apoyo gubernamental (y en muchos casos, muy a su pesar). No obstante, en El Salvador el proceso ha sido el opuesto. A pesar de la adopción inicial desarrollada por la comunidad de Bitcoin Beach, la gran mayoría de los salvadoreños se enteraron de Bitcoin a raíz de la Ley Bitcoin impulsada por el gobierno de Bukele. Como era esperable, dada la triste historia de políticas públicas fallidas de El Salvador, y Latinoamérica en general, la población tuvo, en su mayoría, una reacción inicial de desconfianza a esta nueva tecnología implementada por el gobierno.

---

8 *Del inglés bottom-up*

LA ADOPCIÓN

Hay un rasgo característico del proceso de adopción de Bitcoin en El Zonte, que también se ha presentado en otras economías circulares. La ola inicial fue liderada en gran medida por jóvenes y niños, curiosos por las nuevas tecnologías. *"Las cosas no pasan de hoy para*

La adopción de Bitcoin como medio de pago permite que los Sats circulen en la comunidad, generando un círculo de prosperidad y desarrollo económico.

mañana, es un proceso", sostiene Chimbera. Ya son muchos jóvenes de El Zonte que ahora tienen un empleo creado gracias al crecimiento del turismo en Bitcoin Beach. Todos los años de enseñanza de inglés a los jóvenes de la comunidad están dando sus frutos. Algunos como instructores de surf o guías turísticos, otros como conductores o trabajadores en hoteles. Aún más, ya se comienzan a ver los primeros casos de jóvenes emprendedores desarrollando sus propios proyectos independientes. *"¡Eso es increíble! Brayan, por ejemplo, uno de nuestros líderes en la comunidad, recibió una oferta de un proyecto de movilidad laboral para trabajar en Estados Unidos, algo que por décadas fue el sueño de muchísimos jóvenes salvadoreños"*, rescata Chimbera.

Brayan ya no es un niño y ha atravesado mucho desde entonces. Él representa a una generación de jóvenes que pasaron de la desesperanza y el crimen a sentirse orgullosos de ser salvadoreños. Cuando escuchó sobre Bitcoin por primera vez era uno de los miles que necesitaban ayuda. *"Antes de todo esto mi vida era normal, tranquila, aburrida. Como la mayoría de los niños de aquí, soñaba con poder emigrar a Estados Unidos en algún momento"*. Brayan conoció Bitcoin cuando tenía alrededor de 18 años. Antes había escuchado solo algunas cosas, pero en general eran negativas y desde el desconocimiento. *"Cuando el equipo de Bitcoin Beach me invitó a participar del programa «bono por tareas», fue cuando realmente comprendí de qué se trataba. Un incentivo para los chicos que estaban estudiando. Cuando iban bien en sus tareas se les daba un bono en Bitcoin. Así fue como comencé a recibir mis primeros Satoshis, lo cual despertó mi interés para saber qué era esto que me estaban dando"*. Brayan admite que inclusive, durante ese primer año, su conocimiento sobre el tema era muy superficial. Fue recién durante el año 2021, cuando lo invitaron a involucrarse más en todo lo que estaban haciendo, que finalmente se capacitó a fondo. *"Ahí sí fue cuando entendí su esencia y dije: «Ok, esto va realmente a revolucionar el mundo». Solo entonces me puse a estudiar el tema, comencé a bajarme diferentes wallets para entender cómo funcionaban, leí el white paper de Bitcoin y eso fue lo que abrió mi mente"*. Cuando finalmente llegó la

oportunidad laboral para migrar a Estados Unidos, Brayan se encontró frente a un dilema. Se tomó un plazo de seis meses para decidirlo. Al tiempo, algo cambió dentro de él. Chimbera estuvo a su lado en todo momento. *"Le sugerimos que siguiera su corazón, que en su interior iba a encontrar la respuesta sobre qué hacer con su vida. Brayan decidió quedarse a trabajar con nosotros en su comunidad y luchar por sus sueños en El Salvador, por la cantidad de oportunidades que ahora ve aquí".* Lo que le pasó a Brayan no es un caso aislado, es como un resurgir del orgullo de ser salvadoreños que ha contagiado a todos. *"Ya es costumbre ver a familias enteras, que viven en Canadá, Holanda y el resto del mundo, dejar todo y regresar a nuestro país. Si ellos son capaces de apreciar las oportunidades y posibilidades que se han abierto en nuestro país, cómo no lo vamos a ver nosotros",* reflexiona Chimbera, que hoy es uno de los líderes que inspira a otros jóvenes que estuvieron en su lugar.

El Zonte, un pueblo de pescadores que se ha transformado en el epicentro de la adopción global de Bitcoin

EL IMPACTO

Resulta difícil cuantificar las múltiples dimensiones en las que la comunidad se ha visto afectada desde que comenzó el proyecto, de la misma forma que es también difícil anticipar las diversas maneras en las que Bitcoin está modificando las vidas de los usuarios en diferentes partes del mundo. Sin embargo, hay algo que Mike rescata particularmente. *"Es interesante resaltar cómo Bitcoin cambió la preferencia temporal, específicamente de los jóvenes de El Zonte"*. Se denomina preferencia temporal al valor subjetivo por el que un individuo descuenta el valor del futuro. Siempre es preferible tener algo en el presente que tener que esperar por algo venidero, dado que cualquier promesa a futuro tiene una menor probabilidad de ocurrencia. Uno de los efectos adversos del dinero impreso en papel por un gobierno, sin límite de emisión, es que genera una gran incertidumbre por el permanente aumento de los precios. Lo cual tiende a incrementar la preferencia temporal de las personas, ya que tiene más sentido consumir en el presente que ahorrar para un futuro, donde ese dinero puede valer mucho menos. Bitcoin al ser un activo escaso, que tiende a apreciar su valor en el tiempo por el recorte cíclico de su emisión, está demostrando generar una baja en la preferencia temporal. Al apreciarse en el tiempo, pequeños ahorros presentes pueden generar grandes beneficios futuros, por lo que aumenta la propensión a enfocarse en el futuro. Este simple hecho puede tener profundas implicancias a nivel social, porque se puede reflejar tanto en una mayor inversión en educación, como en relaciones humanas más profundas o un mayor cuidado del medio ambiente. *"Veo a los jóvenes pensar en su futuro por primera vez. Esto no fue algo que planeamos, sucedió por sorpresa. Comenzamos a verlos ahorrar. Chicos que nunca habían tenido más de cinco dólares en sus vidas, ahora tienen un par de cientos de dólares en Bitcoin, que ahorraron para hacer una reparación en la casa de sus padres o comprarse un teléfono celular nuevo. Empezamos a ver este círculo virtuoso de personas que*

toman buenas decisiones, ahorran por primera vez y el futuro se convierte en una posibilidad real", declama Mike, como alguien que sabe que los procesos importantes llevan un tiempo de maduración.

Mabel también fue testigo de este impacto en primera persona. *"Yo crecí acá, en El Zonte, nunca he tenido acceso a los bancos de El Salvador como casi la mayoría de quienes vivimos aquí. No tengo tarjetas de crédito, ni cuentas. Antes de Bitcoin, el efectivo era nuestra única forma de pago. Era muy difícil poder ahorrar porque siempre encuentras una excusa para gastar el efectivo. Hoy eso ha cambiado y, gracias a Bitcoin, soy más consciente del ahorro para el futuro"*.

Al mismo tiempo, Brayan argumenta que falta mencionar una variable en la ecuación de las oportunidades que estamos intentando reconstruir: el desempleo. *"Si no conoces algo mejor, puedes tener el sueño equivocado. Bitcoin no me cambió solo a mí, el efecto se puede ver en toda la comunidad"*. El deseo de emigrar era algo muy arraigado en la sociedad salvadoreña. El deseo de otros, tristemente, era convertirse en pandilleros y criminales. *"Por eso fue tan importante cuando comenzamos desde Bitcoin Beach el programa de apoyo de desempleados. Fueron muchos los casos de personas que por falta de oportunidades se dedicaban a actividades ilegales y, gracias a Bitcoin, decidieron reencauzar sus vidas. Hoy todos ellos tienen familias y trabajos honrados gracias a esa primera oportunidad que recibieron con Bitcoin y al trabajo comunitario de nuestro equipo"*. En la misma línea, Mike resalta que el hecho de tener una moneda escasa, que se aprecia a lo largo del tiempo, ayudó a los jóvenes a volver a tener incentivos y a invertir en su futuro y capacitación. *"Comenzaron a valorar la educación nuevamente como una oportunidad de crecimiento personal. Por primera vez, vemos a muchos jóvenes pensar en ir a la escuela secundaria y luego en la posibilidad de ir a la universidad. Pero lo que es más importante, ahora quieren invertir más en su comunidad. Dejaron de ver a El Zonte simplemente como el lugar sin oportunidades desde donde irse a los Estados Unidos. Somos testigos de cómo, por primera vez, comenzaron a ver su tierra como un lugar en el que realmente quieren construir un futuro para ellos y sus familias".* El exilio es como un dolor crónico, aparece y desaparece, pero siempre estará ahí. Cuando se producen cambios sustanciales en el lugar de origen, principalmente en las razones que empujaron a irse, regresar se convierte en una posibilidad. *"Por supuesto, inicialmente esto ocurrió dentro de un grupo pequeño",* continúa Mike. *"Pero luego, cuando personas de afuera comenzaron a llegar a El Zonte queriendo ser parte de lo que estaba sucediendo aquí, eso aumentó el sentimiento de orgullo local e hizo que cada vez más personas lo valorasen como un lugar especial".* Hoy son muy pocos los que están queriendo irse a los Estados Unidos. Toda la comunidad empezó a pensar cada vez más en cómo construir una vida en El Zonte. *"Eso generó la sensación de pertenencia, de red comunitaria a nivel local. Es que cuando se piensa en el largo plazo, los vínculos humanos y comunitarios se vuelven fundamentales",* señala Mike apoyando su mano en el pecho, a la altura del corazón. La adopción de Bitcoin generó impactos muy diversos en Bitcoin Beach. Algunos de ellos intangibles, pero particularmente movilizantes, como el sentido de pertenencia. *"La conexión, la esperanza de formar parte de algo más grande. Por primera vez ya no éramos una ciudad aislada en un país latinoamericano pobre, ahora estamos conectados a una comunidad global, vibrante, innovadora y revolucionaria. Antes, el sentimiento generalizado era que las oportunidades en el mundo eran sólo para los ricos, para los norteamericanos o los europeos. Los salvadoreños no teníamos oportunidades".* A medida que los habitantes de El Zonte empezaron a participar en este sistema monetario global, se dieron cuenta de que todas esas oportunidades también estaban abiertas para ellos. *"Ahora pueden trabajar de forma remota y pueden convertirse en programadores, sin tener que abandonar a sus familias y comunidades en El Salvador para participar en la economía global. Eso creó un gran orgullo y propósito, específicamente en los jóvenes",* rescata Mike.

La vida cotidiana en Hope House es vibrante y la entrevista de Jorge es interrumpida por René, uno de los jóvenes que participan de las actividades. Era la oportunidad perfecta para que aporte con sus propias palabras qué significa Hope House en su vida:

"Es un lugar único que se dedica a apoyar a los niños para desarrollarse mejor como personas. Nos apoyamos mutuamente para construir una vida en comunidad". Conocer la historia de Hope House y Bitcoin Beach es inspirador y emocionante, razón por la cual este proyecto social ha viralizado el concepto de economía circular de Bitcoin, entusiasmando a otros emprendedores a replicar este modelo de desarrollo humano en otras partes del mundo. Personas apasionadas, entregadas al objetivo de ayudar al prójimo, de ofrecer a su comunidad esperanza y oportunidades. Los fundadores de Bitcoin Beach nunca dejaron de soñar con más. Bitcoin y su tecnología promovieron el desarrollo económico y social en El Zonte. Lo que no imaginaban era que el impacto se propagaría al resto del país. Sin proponérselo, con humildad y bajo perfil, se convirtieron en actores fundamentales de la transformación de El Salvador en un país pujante e innovador.

Niños y líderes disfrutan del deporte, la naturaleza y la familia en las paradisíacas playas de El Zonte, valores sobre los cuales se concentra el trabajo de Hope House.

MONEDA DE CURSO LEGAL

¿Cómo fue que un protocolo desarrollado por un anónimo logró en poco más de doce años alcanzar el status de moneda de curso legal en un país lejano? Mike sabe que su respuesta será apenas la punta de un enorme iceberg. *"Es cierto que Bitcoin Beach fue el primer ejemplo de uso real de esta moneda digital descentralizada en El Salvador. Cuando lanzamos el proyecto de la economía circular de Bitcoin en El Zonte, nos acercamos al gobierno porque no queríamos que escucharan rumores, que pensaran que había algo ilegal detrás y terminar en la cárcel"*. Era importante dejar claro a las autoridades que se trataba de un proyecto social, que realmente buscaba dar acceso a un nuevo sistema financiero a quienes no estaban bancarizados, a aquellos salvadoreños que habían sido descuidados por el sistema bancario tradicional. *"Fuimos muy abiertos con ellos sobre lo que estábamos haciendo. Empezamos a interactuar con el ministro de turismo porque El Zonte es un destino conocido dentro del país y vimos un gran potencial en este sentido. Muchos de los proyectos que estábamos haciendo en el pueblo estaban orientados a aumentar el número de turistas que nos visitaban"*, se sincera Mike.

"Una de nuestras principales actividades en aquel momento fue iniciar el primer programa de salvavidas del país". Cada año, varios cientos de personas se ahogaban en las costas de El Zonte. El Salvador tiene hermosas playas y excelente surf, pero las corrientes pueden ser peligrosas, sin mencionar sus enormes olas. *"Muchas veces las personas que vienen no se dan cuenta de los peligros de estar en el océano, por lo que, sin una guardia de salvavidas profesionales, desafortunadamente muchas personas solían ahogarse cada año. Entonces tuvimos la idea de crear el primer cuerpo de salvavidas, primero para El Zonte y luego para las playas aledañas"*. Esta idea se convirtió en un

gran éxito. Desde Bitcoin Beach comenzaron a pagar los salarios de los salvavidas en *bitcoins*, lo que resultó en una solución de muchas caras. *"Estábamos salvando las vidas de los visitantes y surfistas, por un lado, mientras que al mismo tiempo manteníamos a los jóvenes fuera de las pandillas, asignándoles trabajos muy importantes que hacer"*. Naturalmente, esto contribuyó a que haya una mayor cantidad de *bitcoins* en circulación en la economía local. El flujo de Satoshis entre los habitantes y turistas de El Zonte comenzaba a mostrar su potencial, y a crear un ciclo de retroalimentación positiva, incentivando a que más tiendas aceptaran Bitcoin, porque había aumentado la población de personas que recibían sus salarios con esta nueva moneda digital. En otras palabras, comenzaban a circular los *sats* en la primera ECB.

Mike no pierde el hilo. *"Continuamos explicándole al Gobierno el potencial de que si la comunidad se volvía amigable con Bitcoin, habría una afluencia de turismo y empresas relacionadas que crearían empleos y oportunidades en la región y el país"*. El hecho de que El Salvador ya estuviera utilizando una moneda extranjera (dólar estadounidense) como dinero de curso legal, significaba que no tenían mucho de que preocuparse por la adopción de Bitcoin. La mayoría de los países tienen mucho miedo a incorporarlo porque temen que la gente se acerque a él y provoque el colapso de su moneda local. Pero El Salvador ya había renunciado a tener su propia moneda en el pasado, así que no tenía que preocuparse por eso. En este sentido, estaba en una posición única para adoptar Bitcoin con muy pocos riesgos y muchos beneficios potenciales: la baja en los costos de las remesas, promover la afluencia de turistas, inversores, empresas y con ellos empleos mejor remunerados. Al mismo tiempo, potenciaba la posibilidad de cambiar la narrativa y figurar en los libros de historia como el primer país en adoptar Bitcoin en forma abierta. *"Desde todo punto de vista parecían una obviedad los beneficios que Bitcoin le podía aportar a El Salvador y su gente"*, asiente Mike con una sonrisa.

"Para mí fue una sorpresa cuando nos enteramos de la Ley Bitcoin", recuerda Mabel. *"Nosotros ya veníamos trabajando mucho en educar sobre el tema en El Zonte, pero en el resto del*

país tomó a mucha gente por sorpresa". Mabel observa en retrospectiva que algunas cosas se podrían haber hecho mejor, como educar más a la población al respecto. Sin embargo, valora el impacto positivo en la fama internacional que adquirió un país tan pequeño y pobre al abrazar las ideas de Bitcoin. *"Es muy chivo saber que desde Hope House contribuimos a que esto sucediese. Bitcoin nos ha cambiado la vida de muchas formas. Yo, por ejemplo, en el pasado, para pagar la universidad debía tomarme un bus, hacer largas filas, imprimir papeles y tener dinero en efectivo. Hoy lo hago en forma digital con Bitcoin desde mi casa".*

Mabel identifica que uno de los resultados más significativos de la adopción de Bitcoin como moneda ha sido el cambio en la "marca país" de El Salvador. La adopción ha sido uno de los principales pilares del cambio radical en el plano internacional. Chimbera coincide con ella: *"Entre todos logramos cambiar la narrativa respecto de El Salvador, que ya no es recordado por su pobre y violenta historia, sino reconocido mundialmente por su seguridad y su innovación financiera en torno a Bitcoin, sus exquisitas pupusas y, por supuesto, ¡sus playas de surf!".* Mike tiene una visión interesante, podrá ser extranjero en esas tierras, pero ha sido testigo de este cambio desde el comienzo y tiene claro cuál fue el lugar de Bitcoin Beach en el proceso nacional. *"Nosotros nos mantuvimos enfocados en nuestro proyecto local. No sabemos exactamente qué pasó en el Gobierno, no estuvimos en las reuniones detrás de escena".* Si bien es difícil saber exactamente el papel que jugó Bitcoin Beach en la decisión final, el presidente mismo mencionó el proyecto en un *Twitter spaces* mientras aprobaban la ley Bitcoin. *"Dijo que observaran cómo todas aquellas personas, que antes no estaban bancarizadas en un lugar como El Zonte, pudieron usar Bitcoin. Las oportunidades que abrió en la comunidad fue una de las razones detrás de por qué el gobierno decidió adoptarla como moneda de curso legal. Así que, definitivamente, ayudamos de alguna manera, lo que nos da mucha felicidad. También fue una gran oportunidad para que el presidente tuviese un rol más relevante en el mundo y posicionara a El Salvador en el escenario internacional",* rememora Mike sobre el Día B. Chimbera, por su parte, sobrevuela diferentes emociones cuando busca en su memoria.

La sonrisa por momentos se diluye y la expresión en su mirada gana protagonismo cuando da a entender que el destino tenía preparado algo para ellos. *"Creo que El Salvador vino a cubrir una expectativa que había en todo el ecosistema: ¿cuál sería el primer país del mundo en adoptar Bitcoin como moneda de curso legal? Creo que ya por el 2012 Max Keiser imaginaba que el primero sería un país pequeño que no tuviese su moneda propia".* La adopción de Bitcoin a nivel nacional generó una enorme excitación en los *bitcoiners* del mundo y muchos sintieron el deseo de ayudar a construir una historia de éxito en El Salvador, para que sirva de ejemplo a otros países y se haga viral. *"Para mí no deja de parecer un sueño ver cómo nuestro país está dando un salto tecnológico, económico y social. Esta revolución, liderada por un país pequeño de Latinoamérica, nos enseña que puede haber un futuro diferente, que los países pobres no tenemos que ser siempre los perdedores. Espero que Latinoamérica y África sigan el ejemplo de El Salvador y lideremos la adopción de Bitcoin como sistema financiero libre y abierto para todo el mundo".* Mientras Chimbera sueña con otros países que sigan los pasos de El Salvador, Mike asume el rol que tuvieron desde El Zonte en este proceso. *"Si Bitcoin Beach no hubiera existido, tengo muchas dudas de que Bitcoin fuese moneda de curso legal en este país. Básicamente, la economía circular les abrió los ojos a los beneficios potenciales de la adopción de Bitcoin. Esta es también la razón por la que estamos tan emocionados de ver crecer otras economías circulares de Bitcoin en todo el mundo".* La mejor manera de explicar los beneficios de Bitcoin a un Gobierno es demostrando cómo puede ayudar a las personas que más lo necesitan.

Una vez que el presidente Bukele anunció la ley Bitcoin en junio de 2021, los organizadores de Labitconf[9] actuaron con rapidez y decidieron realizar su conferencia en el país centroamericano en noviembre de 2021. *"No creo que El Salvador estuviera siquiera en el radar como posible lugar para celebrar la conferencia antes de eso",* establece Mike con seguridad. La organización decidió que quería apoyar lo que estaba sucediendo allí y

---

9 *www.labitconf.com*

Chimbera celebra el Día B: Bitcoin es proclamado como moneda de curso legal en El Salvador.

> ❝
> **BITCOIN TE CAMBIA LA PERSPECTIVA SOBRE LA VIDA, PODES VOLVER A SOÑAR. LA ESPERANZA VUELVE A TENER SENTIDO**
> ❞

Román Martínez, alias "Chimbera", cofundador de Bitcoin Beach.

organizó una gran conferencia internacional centrada en El Salvador. El evento atrajo a muchos *bitcoiners* importantes al país, aumentó significativamente la conciencia de lo que estaba sucediendo allí y simplemente ayudó a crear un mayor impulso y conocimiento con el público general.

LA BITCOINETA

Además de realizar la conferencia, Labitconf se comprometió a enviar uno de sus proyectos más emblemáticos: La Bitcoineta[10]. Se trata de un proyecto educativo rodante sin fines de lucro, que busca llevar los beneficios de Bitcoin a todos los rincones de la región. Su productor y alma mater, Chevy[11], y todos los voluntarios que participan ofrecen su tiempo y conocimiento viajando a pequeños pueblos y ciudades para enseñar sobre Bitcoin en escuelas, municipalidades, plazas y cualquier lugar donde alguien esté interesado en aprender sobre un nuevo sistema financiero abierto, neutral y sólido. La camioneta original tiene un nodo de Bitcoin corriendo en su interior, junto a una oficina móvil donde se improvisan *meetups* y se forjan amistades profundas. Esta unidad móvil, comenzó recorriendo el interior de Argentina para luego cruzar a Paraguay, Bolivia y Brasil. Además, en el 2018, el equipo decidió emprender el cruce de la cordillera de Los Andes para estar presente en Labitconf de Chile, un homenaje al cruce del General San Martín, quien liberó a Chile y Perú de los conquistadores españoles hace más de 500 años. En 2019, La Bitcoineta también cruzó a Uruguay para estar presente en una conferencia que se realizó allí y emprender una gira educativa por el interior del país oriental. Así fue como en 2021, luego del anuncio de la Ley Bitcoin, el equipo decidió intentar una travesía épica: atravesar siete países en plena pandemia con el objetivo de llevar La Bitcoineta desde Argentina hasta El Salvador. Lamentablemente, resultó imposible llegar a destino debido a las restricciones de las políticas relacionadas al COVID, lo que dejó a la tripulación de voluntarios varada entre Bolivia y Perú. Al igual que el *honey badger*[12], nada iba a detener a La Bitcoineta. El equipo decidió comprar una nueva camioneta, estilo playero en esta

---

10 X: @Labitcoineta
11 X: @chevosky
12 El hurón o honey badger en inglés ha sido identificado con el Bitcoin en un meme por su fiereza, lo que lo hace virtualmente imparable, al igual que a Bitcoin.

ocasión, para que participara en la conferencia y se convirtiera en un regalo de la comunidad *bitcoiner* latinoamericana para Bitcoin Beach y su gente. *"La conexión con La Bitcoineta fue increíble"*, recuerda Mike. *"Siempre valoré el espíritu de asegurarse de que nadie se quede atrás en cuanto a la educación sobre Bitcoin. Que la de Argentina no pudiese venir en realidad funcionó mejor, porque entonces crearon esta nueva Bitcoineta Beach Edition y nos la dieron como un regalo que podríamos usar en la comunidad para generar entusiasmo"*. El vehículo rápidamente se convirtió en un símbolo de Bitcoin Beach y un atractivo para los visitantes del lugar. *"Es genial, la gente quiere sacar fotos a bordo y publicarlas en sus redes sociales, pero también resulta muy práctica cuando salimos con los diferentes grupos de niños a los que impartimos educación sobre Bitcoin. Si no hubiera sido por las restricciones de viaje y la imposibilidad de sacar La Bitcoineta original desde América del Sur, probablemente no habríamos tenido una permanentemente en El Zonte, Mucho menos se nos hubiese ocurrido la idea de producir nosotros una para Bitcoin Ekasi[13], en Sudáfrica. Tenerlos como amigos y socios es increíble"*. El entusiasmo que causó la llegada de la segunda Bitcoineta a El Zonte generó tal impacto en el equipo que expandió los límites del proyecto. Ya no se trataba de América del Sur. Bitcoin Beach le demostró al equipo que podía soñar con llevar la educación Bitcoin a cada rincón del planeta. A comienzos de 2022 el equipo de Bitcoin Beach se comunicó con La Bitcoineta para comentarles que ellos ahora querían contribuir con una tercera Bitcoineta para ayudar a una nueva economía circular de Bitcoin, que estaba floreciendo en Mossel Bay, Sudáfrica.

Actualmente, el proyecto continúa creciendo y hoy cuenta con una flota descentralizada de seis vehículos que educan sobre Bitcoin por el mundo. En marzo 2023 se lanzó La Bitcoineta Europea, llevada adelante por BitcoinShagga[14] y Ari[15], que ha recorrido más de veinte países asistiendo a conferencias y *meetups*, mientras colecciona un mural único en el ecosistema con mensajes de *bitcoiners* de todo el planeta. En octubre 2023, con base en Ghana, se lanzó la Bitcoineta West Africa[16] con la intención de cubrir el territorio de África occidental. Y en conmemoración del cuarto *halving* de Bitcoin (19 de

---

13 *X: @BitcoinEkasi*
14 *X: @gauchotoi*
15 *X: @arielaguilar*
16 *X: @BitcoinetaWA*

abril de 2024), el sexto vehículo de la familia Bitcoineta comenzó a rodar en Dinamarca: un hermoso Citroën 2CV anaranjado que libera corazones y abre mentes a su paso.

La *Bitcoineta Beach Edition* es un emblema en El Zonte y forma parte de una flota de vehículos que llevan la educación sobre Bitcoin a diferentes rincones del mundo.

LAS REMESAS

Una de las ventajas evidentes que incentivaron la adopción de Bitcoin en El Salvador fue el mercado de las remesas. Luego de décadas de violencia y decadencia económica, una gran parte de su población se vio forzada a emigrar y establecerse en la diáspora. Cada mes, estas personas envían una ayuda económica transfronteriza a sus familiares. Aproximadamente un 25 % del PBI del país proviene de remesas del exterior, ubicando a El Salvador en lo más alto del ranking regional. Históricamente, esta pasarela de pagos fue siempre controlada por un duopolio de empresas extranjeras que cobraban comisiones abusivas a los usuarios. Según las palabras del presidente Nayib Bukele, El Salvador pagaba en 2021 unos 400 millones de dólares en comisiones a operadores de remesas por año[17]. El objetivo era reducir ese volumen y generar un impacto directo en los bolsillos de las familias que más lo necesitan.

La mirada de Mike es particularmente relevante sobre esta transformación porque hizo el camino inverso: un extranjero que se estableció en El Zonte y que proviene del país donde muchos habitantes de América Latina aspiran a emigrar. *"Hemos visto muchos impactos positivos en los mercados de remesas, a veces en formas en las que mucha gente realmente no piensa. Por ejemplo, observamos que la competencia que impone Bitcoin ha hecho que Western Union y MoneyGram reduzcan sus tarifas significativamente. Se dieron cuenta de que ahora tenían que competir con Lightning network"*. Mike da en el clavo una vez más porque pone un ejemplo concreto que ilustra los múltiples beneficios que mencionamos hace un momento. En ocasiones son poco visibles, pero el ingreso de una tecnología que transfiere un valor punto a punto desde un rincón del planeta, en apenas un puñado de segundos y bajo una comisión ridícula, en comparación con las que existían hasta el

---

17 *x.com/nayibbukele/status/1429618010944385029?s=20*

momento, llevó presión a ese mercado monopólico cautivo. Incluso para las personas que eligen no usar Bitcoin ha habido un beneficio significativo, porque ahora ellos están ahorrando dinero al pagar tarifas más bajas. Con solo romper las tarifas monopólicas y abusivas, Bitcoin está ayudando a todas las familias que reciben dinero desde el extranjero. Estas empresas también se están esforzando ahora por facilitar que las personas hagan transacciones de forma remota en lugar de tener que ir a las oficinas, lo cual solía ser un gran inconveniente. *"Es decir que además se han visto obligados a mejorar el servicio. A menudo los usuarios no piensan en estas mejoras como ventajas directas de Bitcoin, porque técnicamente esas personas siguen usando el sistema tradicional, pero sin saberlo se están beneficiando de la competencia que Bitcoin trajo al sistema. La lección sería que promover la innovación financiera de bajo costo es la mejor manera de lograr que el sistema financiero heredado sea más eficiente y justo para la gente"*, afirma Mike. El trabajo remoto también ha sido una parte del espectro de beneficios que ha traído la adopción. Ser programador y exportar el conocimiento, por poner otro ejemplo, hoy es uno de los sueños viables para cualquier joven salvadoreño.

Actualmente, Bitcoin aún es una parte menor del mercado total de remesas en El Salvador. *"Esto es esperable, las personas son criaturas de hábitos y, especialmente cuando se trata de dinero, no les gusta hacer cambios"*, apunta Mike. *"Así que creo que veremos un pequeño porcentaje incremental del mercado total de remesas en los primeros años, que luego crecerá un 10 % cada año, por un tiempo, y luego probablemente al 25 % anual. Pero lo que es aún más importante es que creo que dentro de diez años podría representar hasta el 95 % del mercado de remesas. La gente subestima cuánto tiempo lleva que se produzcan estos cambios y, al mismo tiempo, lo irreversible de este proceso innovador"*.

El escenario de El Salvador es dinámico, el proceso continúa. Han pasado algunos años de la Ley Bitcoin, y una de las cosas que se pueden observar es que el conocimiento y la adopción de esta moneda digital descentralizada son más fuertes en El Zonte que en el resto del país. Esto se debe a que esta comunidad ha experimentado de primera mano los beneficios de la economía circular, la inversión y el turismo que vienen de la mano de Bitcoin. Es por ello que la familia de Hope House ha estado ayudando al desarrollo de nuevas economías circulares y centros de educación en otras partes del país.

EL DIFÍCIL CAMINO DEL ÉXITO

"Con el tiempo nos hemos ido expandiendo, ampliando nuestras clases de inglés y computación dentro de nuestra región circundante", explica Mike. Recientemente el equipo retomó los trabajos en el pueblo de Punta Mango, en el otro extremo del país. Punta Mango es donde inicialmente iba a comenzar el proyecto Bitcoin Beach. Cuando el COVID se interpuso decidieron trasladarlo a El Zonte, más cerca de casa. *"Acabamos de construir otro centro comunitario allí: la Ciudadela de la Esperanza (Citadel of Hope). La idea ahora es replicar todo lo que hemos hecho en El Zonte"*, transmite Mike, con la seguridad de alguien que ya tiene el know how. *"Además de eso, nos hemos asociado con My First Bitcoin[18] (Mi Primer Bitcoin), que es una iniciativa educativa para desarrollar un tercer proyecto al que llamamos Bitcoin Island"*. Este nuevo proyecto está ubicado en una isla frente a la costa central de El Salvador. Se encuentra en una ubicación muy remota, con mucha pobreza, pero con un gran potencial para el turismo y otras actividades donde pensamos que una economía circular de Bitcoin también puede desempeñar un papel importante. *"Además, hay otros proyectos locales que también estamos tratando de apoyar entre bastidores. Un proyecto muy nuevo pero que nos tiene muy entusiasmados es una nueva economía circular de Bitcoin que comenzó a desarrollarse en el barrio Berlín[19], en San Salvador"*, concluye Mike, con un entusiasmo que libera la mente y alegra el corazón.

---

18 *www.myfirstbitcoin.io y X: @MyFirstBitcoin_*
19 *X: BitcoinBerlinSV*

Nadie pudo haber preparado al equipo de Hope House, ni a los habitantes de la comunidad de El Zonte para el reconocimiento internacional, admiración y atención que recibieron. Esta situación ha traído enormes beneficios a la comunidad, pero también algunos desafíos. Al aumentar el interés turístico en estas playas paradisíacas, donde comenzó la historia del Bitcoin, las propiedades inmobiliarias empezaron a aumentar de valor. La contracara de este efecto fue que las propiedades se volvieron menos accesibles para los jóvenes de la comunidad cuando necesitan acceder a una nueva casa.

Mike aprendió que cuando se inicia una economía circular surgen imprevistos: *"Después del éxito y la visibilidad de Bitcoin Beach, mucha gente se interesó en El Zonte y vimos una gran afluencia de turistas y personas que querían mudarse aquí, no llegaban de El Salvador sino desde diferentes rincones del mundo. Continuamos recibiendo cientos de personas de todas partes: Nueva Zelanda, Europa, Canadá y Estados Unidos. Muchos de ellos simplemente están vendiendo todo lo que tenían y se mudan a El Zonte para ser parte de lo que está sucediendo aquí, ¡lo cual es genial!".*

Esta tendencia creó muchos puestos de trabajo y generó cantidad de oportunidades pero, al mismo tiempo, el equipo de Hope House se preocupó por los lugareños, para que también pudieran participar en esto. El riesgo era que fuesen expulsados de la comunidad, porque a medida que subían los valores inmobiliarios no podrían permitirse el lujo de continuar viviendo allí. *"Yo era dueño de un terreno para el que realmente no teníamos ningún plan y pensé que sería perfecto para construir ocho casas en él. Así nació nuestro programa piloto: ocho casas que serían asignadas a personas que de otro modo no tendrían acceso a ellas",* cuenta Mike. Mientras pensábamos esto, una organización sin fines de lucro enfocada en viviendas asequibles llamada New Story[20], se enteró de todo lo que estaba sucediendo en El Salvador y envió a su equipo a El Zonte para hablar sobre una posible asociación. *"Vieron un enorme potencial en el uso de Bitcoin de forma práctica para que las personas pudieran*

---

20 www.newstoryhomes.org/

realizar los pagos de sus hipotecas", desarrolla Mike, esbozando la cantidad impensada de casos donde usar Bitcoin, y cómo terminó siendo muy útil para este fin.

Con el paso de los años, la gente de New Story descubrió que es muy importante que los destinatarios de las viviendas realmente paguen por ellas. Según su experiencia, si pagan las valoran más y crea una sensación de logro personal que los ayuda a mejorar su vida. Esta ONG tiene medido e identificado, cómo después de poder comprar una casa propia, las personas suelen conseguir un ascenso en su trabajo y logran tener un incentivo para realizar mejoras adicionales en sus viviendas. Aunque solo han pasado algunos años, Mike parece tener la experiencia de alguien que ha vivido muchas vidas. *"Es muy empoderador, una vez que sienten que tienen un camino a seguir en el que realmente pueden comprar algo y comenzar a crear riqueza generacional para sí mismos. Estamos de acuerdo con que la gente tenga «participación en el juego»*[21], *al comprar estas casas asequibles"*. Por otro lado, New Story también descubrió que es muy difícil lograr que las personas que no están bancarizadas realicen pagos mensuales digitalmente, por lo que se ven obligadas a tener físicamente a alguien en la comunidad cobrando las cuotas todos los meses. Una hipoteca es un proceso que puede extenderse de diez a quince años y consume numerosos recursos tener activa esta red de cobranzas de pequeños montos para numerosos consumidores. Bitcoin también es una solución en ese sentido. *"Todos pueden abrir una billetera Bitcoin, todos pueden enviar sus pagos directamente cada mes y tener el registro de que han realizado esos pagos. Por eso estaban muy entusiasmados de poder ofrecer las primeras hipotecas de Bitcoin a la comunidad de Bitcoin Beach"*, recuerda Mike.

"Entonces nos asociamos con New Story en este emprendimiento y los ayudamos a encontrar nuevos lotes para poder comenzar a construir casas. También se unieron algunas compañías Bitcoin en aquel momento para patrocinar el proyecto". Hasta febrero de 2023, New Story tenía financiación para 250 viviendas que comenzarían a habitarse a mediados de ese año. Por su parte, Hope House había concluido y asignado las ocho casas de su

---

21 En inglés: "Skin in the game".

Mike Peterson, de Hope House, entrega la llave de su nuevo hogar a una de las beneficiarias del programa de viviendas asequibles para pobladores de El Zonte.

proyecto piloto. *"Esas personas del piloto ya están haciendo sus pagos mensuales en Bitcoin, pero denominados en dólares para evitar que se vean afectados por su apreciación, por supuesto"*.

LA RED

Con el correr de los años, la historia de Bitcoin Beach, la primera economía circular de Bitcoin, se convirtió en algo mucho más grande. La generosidad y repercusión de este equipo de emprendedores sociales inspiró a decenas de personas que decidieron replicar y adaptar las experiencias de Bitcoin Beach en sus propias comunidades. Como no podía haber sido de otra manera, la familia de Bitcoin Beach fue mucho más allá de ser una simple fuente de inspiración. El equipo se organizó y comenzó a compartir su experiencia, materiales educativos, customización de su *wallet* de código abierto y hasta financiamiento. Sin planificarlo y en forma espontánea, las economías circulares de Bitcoin se convirtieron en una red de cooperación y apoyo mutuo con el objetivo de promover sus beneficios en cada una de las comunidades.

Bitcoin Beach, sin quererlo, se ha convertido ahora en un ejemplo para otras ECB. *"Esto fue algo en lo que no pensamos inicialmente. Solo estábamos enfocados en nuestra comunidad local, pero a medida que las cosas explotaron y comenzamos a recibir toda esta cobertura de prensa internacional, otras comunidades empezaron a contactarnos y nos dijeron: «Oigan, queremos replicar lo que ustedes están haciendo»"*, retoma Mike con una mirada paternal. La reacción inicial fue pensar que necesitaban ampliar el equipo para controlar y supervisar todos los otros proyectos en diferentes partes del mundo. Sin embargo, rápidamente se hizo evidente que ese no era el modelo correcto a seguir. *"Debería haber sido obvio, ahora entiendo que el control es simplemente una parte de la naturaleza*

humana. A veces piensas: «Oh, si surge algo, hay que poder controlarlo». Comprendimos que debíamos seguir la filosofía de Bitcoin, la colaboración entre las economías circulares debía ser descentralizada. Entonces, cuando estos proyectos comenzaron a surgir por sí solos, les compartimos lo que habíamos hecho y nuestros aprendizajes sobre lo que había funcionado y lo que no". Mike resalta que lo más importante fue permitirles adaptar el proyecto a cada situación, porque siempre hay componentes, como la identidad o el contexto, que son críticos para el éxito del proyecto. *"Es posible que sea necesario modificar un poco las acciones que funcionaron en un lugar para que funcionen en otro".* En las palabras de Mike queda de manifiesto la importancia de la autocrítica y la permanente adaptación en un movimiento emergente. El saber soltar el control y confiar en la construcción descentralizada. Una tecnología que permite no depender de la confianza en terceros, pero que a su vez promueve la construcción de redes de confianza, amistad y cooperación. *"En particular, nos dimos cuenta de que era muy importante, al comienzo, contar con la confianza local y una red dentro de la comunidad objetivo. Entonces entendimos que la mejor manera de ayudar a replicar lo que había sucedido en El Salvador era ser generosos con todo lo que habíamos aprendido y alentar estos otros proyectos a seguir adelante",* expone Mike con humildad. Una de las cosas que hicieron, dado el acceso que tenían a la prensa, fue dar a conocer a los periodistas lo que estaba sucediendo en otras partes del mundo. Esa visibilidad ayudó mucho a los proyectos, ya que para que las ECB obtengan el apoyo y los recursos que necesitan de los *bitcoiners*, la gente tiene que conocerlas. *"Como la mayoría de los bitcoiners, tengo una relación de amor/odio con los medios, pero es importante entender que juegan un papel clave y pueden usarse a nuestro favor",* admite Mike a regañadientes.

Cuando el número de proyectos nuevos creció lo suficiente, decidieron dividir el equipo de Bitcoin Beach en diferentes roles para poder atender tanto el crecimiento local, como los nuevos proyectos internacionales. *"Jorge continuó enfocándose en Hope House y los proyectos locales que estaban sucediendo en El Zonte. Román asumió el papel de promover la adopción de Bitcoin, principalmente en El Salvador, tratando de continuar lo que estaba sucediendo en todas las comunidades que comenzaban a utilizarlo. Y yo asumí un rol más internacional, siendo el que ayuda a todos estos otros proyectos de Bitcoin a recaudar fondos".* Mike admite el placer que le da poder utilizar el reconocimiento internacional de Bitcoin Beach para ayudar y asegurar que estas nuevas personas magníficas, dispuestas a trabajar por su comunidad, puedan tener los recursos para hacer que las cosas sucedan.

Si hay alguien que logró poner en palabras el concepto red de redes que se ha formado entre las ECB, fue Chimbera. *"Tanto Bitcoin Beach como las otras economías circulares de Bitcoin comenzaron con un pequeño grupo de soñadores. Pero lo más bonito de Bitcoin es que no tiene superhéroes, sino personas dando lo mejor de sí en forma descentralizada, logrando resultados increíbles. Algunos están online, otros aquí en las comunidades, otros desarrollando tecnología, otros asesorando a gobiernos, pero al final somos todos una gran familia con valores en común".* Las ganas de colaborar de Román vienen del deseo de devolver todo el apoyo que ellos mismos han recibido de los *bitcoiners* del mundo. Es más, mucha gente ha decidido mudarse a vivir a El Salvador y poner su tiempo y energía en ayudar al país. *"Yo tengo mucho respeto y admiración por Max[22] y Stacy[23], que están aquí en El Salvador comprometidos a full en ayudar al éxito del país. Ahora necesitamos lograr ese mismo efecto en las otras economías circulares de Bitcoin, el apoyo internacional es fundamental para que se conviertan en casos de éxito y cada vez tengamos más ejemplos de cómo Bitcoin puede ayudar a la gente que lo necesita".*

Durante el año 2023, el equipo de Hope House ha estado muy activo respecto a la ayuda exterior para replicar el caso de El Zonte. Visitaron Bitcoin Ekasi, cuna de una nueva generación de surfistas, en la humilde ciudad de Mossel Bay, en Sudáfrica; Praia Bitcoin en las paradisíacas playas de Jericoacoara, en Brasil y Bitcoin Lake, en la orilla del mágico lago de Atitlán, en Guatemala. Además de ayudar proactivamente a estos proyectos, el equipo de Bitcoin Beach mantiene conversaciones permanentes con un amplio grupo de nuevas ECB en estado germinal alrededor del mundo, para

---

entender sus necesidades y ayudarlos desde su experiencia. Sus historias, sus voces, son la columna vertebral de este libro. Pero no nos adelantemos.

CLAVES PARA INICIAR UNA ECB

Uno de los principales objetivos de este libro es contribuir a difundir los beneficios que las ECB traen a las comunidades locales y así inspirar a nuevos emprendedores sociales a comenzar sus propias economías circulares de Bitcoin, donde quiera que se encuentren. Este deseo es compartido con los fundadores de Bitcoin Beach quienes han preparado documentación específica para ayudar en esta dirección. *"De hecho, elaboramos un documento técnico*[24]*o white paper, que explica todos los pasos que realizamos y todas las cosas que creemos que son muy importantes incluir en un proyecto similar a Bitcoin Beach".* Mike abre las manos como si estuviese sosteniendo un secreto y toma impulso antes de continuar. *"También me gustaría enfatizar, a quienes realmente intentan tener un impacto profundo, sobre la importancia de preocuparse por la comunidad en su totalidad. No se puede tratar simplemente de impulsar la adopción de Bitcoin, no funciona de esa manera".* Una constante en las reflexiones de todos los fundadores de las ECB es que la adopción de Bitcoin gana más fuerza si se combina con algún tipo de programa social y trabajo comunitario. *"Animaría a las personas a pensar en cómo pueden trabajar para mejorar dicha comunidad o, tal vez, a buscar un grupo que ya haya establecido una relación de confianza a través de algún impacto positivo y asociarse con ellos. Incorporar el componente Bitcoin a lo que ya está sucediendo en esa comunidad".* De esta manera, Bitcoin se convierte en un medio para lograr un impacto social más profundo y sostenible, no en un fin en sí mismo.

---

24 *https://www.bitcoinbeach.com/*

Este punto que resalta Mike quizás sea uno de los componentes más importantes a la hora de definir el éxito de una economía circular. Los lazos de confianza a la hora de adoptar una nueva tecnología financiera, su potencial como herramienta para profundizar esfuerzos y generar empleo, la recomposición del tejido social y la creación de nuevas oportunidades de desarrollo personal son ejes fundamentales en este camino. Como veremos en los próximos capítulos, estos aspectos resultan fundamentales y se encuentran presentes en todas las ECB de este libro.

Mabel fue testigo del trabajo incansable de Hope House con los niños de El Zonte. Fue una de las primeras líderes en sumarse cuando el Bitcoin llegó a la comunidad. Al ser una usuaria temprana, tuvo la posibilidad de observar las sinergias entre el trabajo social de Hope House y la adopción en los niños de Bitcoin Beach. *"Para mí la parte educativa es clave. Es una tecnología nueva y compleja, por lo que es muy importante dedicar tiempo a explicar a las personas de la comunidad y los comercios cómo usarla. Es importante que puedan entender cómo manejar el tema de la volatilidad y que haya un equipo que los pueda acompañar cuando van surgiendo dudas al usar Bitcoin en forma cotidiana. Sobre todo en regiones con acceso limitado a servicios bancarios, creo que Bitcoin y Lightning son fundamentales y pueden ayudar muchísimo a la gente, como sucedió aquí en El Salvador"*. Al profundizar en la historia de Bitcoin Beach es más fácil comprender la sonrisa de Chimbera. Esa alegría es el resultado de ver en tiempo real la concreción de un sueño y la invitación a soñar cada vez más alto. Eso lo convierte en una voz autorizada; mejor dicho, en una sonrisa autorizada. *"Lo más importante es animarse a soñar. ¿Cómo quisieran ver a su comunidad en unos años? ¿Cuáles son sus principales necesidades? ¿Agua? ¿Educación? ¿Trabajo? Una vez identificadas las necesidades se puede adaptar el proyecto comunitario para contribuir en donde más se necesita"*. Bitcoin Beach, por ejemplo, fue construida sobre cuatro pilares: educación, recreación, espiritualidad y el empoderamiento. A la vez, Chimbera resalta lo importante de que el proyecto esté adaptado a las necesidades y

recursos de la comunidad local. *"Aquí, en recreación tenemos el surf, pero por otro lado puede ser el fútbol, escalada o danza. Lo importante es que sea algo que atraiga el interés de los niños para que se diviertan y puedan aprender jugando. También, el inglés y la computación son dos cosas fundamentales que nuestros jóvenes aprenden porque les abrirán muchas oportunidades"*. Otro consejo de Román es no crear un proyecto social que necesite de una gran cantidad de fondos para comenzarlo. *"De lo contrario si llegan a faltar fondos puede fracasar el proyecto. Es mejor comenzar con tiempo de calidad disponible para dedicar a la comunidad. Demostrar el «proof of work» (protocolo de validación de transacciones dentro de la red), ganarse la confianza de la comunidad al ver la voluntad real de ayudar. Una vez que se da esto, la propia gente comienza a creer que es posible y a suceder la magia"*. Y pensar que como Chimbera, tantos otros jóvenes de El Salvador solo veían como futuro posible sucumbir a la criminalidad o subirse al techo de un tren para migrar a los EE. UU., lejos de su familia y seres queridos. *"Lo importante es comprometerse a hacer lo que uno puede. Cada economía circular de Bitcoin tiene que recorrer su propio camino y escuchar las necesidades de su gente. No enfocarse en adoptar Bitcoin como moneda de curso legal, sino enfocarnos en generar cambios positivos que aumenten las oportunidades estimulando los sueños de desarrollo personal, el sentido de comunidad y la esperanza"*.

Resulta emocionante ver la increíble evolución de Bitcoin Beach y su familia. El Zonte, probablemente pasará a la historia como el primer caso práctico en donde la tecnología de Bitcoin permitió la creación de un círculo virtuoso de educación, comercio y progreso. Este grupo de personas ha logrado inspirar a un país entero a soñar con un futuro lleno de oportunidades y hoy son una fuente de inspiración y apoyo para decenas de comunidades que están intentando desarrollar economías circulares de Bitcoin en diferentes partes del mundo. Existe una posibilidad de que estas ECB terminen siendo muy importantes en la adopción global de Bitcoin. Si bien aún no existe una base estadística significativa, la primera ECB logró que El Salvador adopte Bitcoin como moneda de curso legal. ¿Es una excepción probabilística irrepetible? ¿O es el resultado predecible ante los beneficios económicos y sociales que conlleva la adopción de Bitcoin? Si observamos los extraordinarios resultados que están ocurriendo en las ECB, es solo cuestión de tiempo, hasta que estas obtengan mayor visibilidad en sus respectivos países y puedan demostrar las ventajas de adoptar un sistema financiero abierto, inconfiscable y seguro para toda la población.

En las páginas que siguen encontrarán las historias que, con similitudes y diferencias, han brotado de la misma semilla de Bitcoin Beach. Todos estos proyectos conforman una red de redes con un propósito en común: el sueño de un futuro mejor a través del uso de la tecnología Bitcoin.

La historia se está escribiendo.

Información de contacto:

X: @BitcoinBeach

X: @HopeHouseSV

www.bitcoinbeach.com

Donaciones Hope House: linktr.ee/hopehouseelsalvador

UNA MISIÓN FAMILIAR

CÓMO LA FE PROPAGÓ EL BITCOIN EN EL LAGO ATITLÁN.

Proyecto: **Lago Bitcoin.**
Ubicación: **Panajachel, Guatemala.**

CAPITULO 2

UNA SEMILLA EN LA ORILLA DEL LAGO

El nacimiento de una Economía Circular es como el primer brote de un árbol: necesita que las primeras raíces se abran paso y ganen fuerza. A mayor profundidad, aumentan las chances de acceder a los nutrientes que le permitirán crecer y alcanzar su máximo potencial. El tiempo hará que ese tronco robusto se convierta en un buen hogar para las aves, otorgará sombra a quien lo necesite y permitirá un ecosistema próspero a su alrededor. Cada una de las economías circulares de Bitcoin tiene raíces diferentes; sin embargo, hay un hilo conductor que se hace presente en estas historias: el deseo de un grupo de emprendedores sociales de mejorar las condiciones de vida de una comunidad. Patrick Melder tuvo vocación de servicio toda su vida. Nació en Estados Unidos, dedicó sus estudios a la medicina y ejerció como cirujano de oído, nariz y garganta en ciudades como Atlanta, Houston y Washington. Siempre fue un hombre de fe. Como buen cristiano evangélico, Patrick profesa la solidaridad. Durante años, junto a su esposa y sus hijas, realizó viajes misioneros a Guatemala. Fue en 2012 cuando comenzó una profunda conexión entre este hombre y Panajachel, un pueblo mágico a orillas del lago Atitlán. Este espejo de agua es el hogar de un volcán dormido que se encuentra en las tierras altas, a unas tres horas al oeste de la ciudad de Guatemala. De las 400.000 personas que viven en la cuenca del lago, más del 90 % son indígenas, la mayoría de ellos descendientes de los mayas. Su belleza natural y sus increíbles atardeceres han atraído a turistas de todo el mundo; sin embargo, su remota locación entre las montañas hace que no existan muchas oportunidades laborales para los jóvenes de la zona.

"Comenzamos participando de un campamento de arte en una escuela local y repetimos esa experiencia durante seis años. Luego, cuando mis hijas crecieron y comenzaron a ir a la universidad, decidimos volver para seguir ayudando a la comunidad", recuerda Patrick con algo de nostalgia. Sin saberlo, este hombre había encontrado en el Centro Educativo Josué el terreno fértil donde crecería una ECB. Como le sucede a la mayoría de las personas, inicialmente Bitcoin era el eco de una conversación ajena para él. En 2017, mientras estaba de vacaciones en México, Patrick escuchó por primera vez sobre la tecnología *blockchain*, sin entender en profundidad sus diferencias con Bitcoin. *"Caí en la proverbial madriguera del conejo que todos los bitcoiners conocemos. Investigando empecé a aprender sobre las propiedades de la tecnología blockchain y su carácter revolucionario. Entonces pensé que esta tecnología podría ser notable para los países en desarrollo, para proteger los derechos de propiedad"*.

Pasó el tiempo entre el deseo y el plan. En la mente de Patrick giraban las carencias y necesidades que había presenciado en Panajachel y la posibilidad de conectar su trabajo social con esta tecnología descentralizada. *"No fue hasta principios de 2021 que me sumergí y logré comprender a Bitcoin de una manera más profunda. Entonces descubrí que era mucho más que solo dinero, que también era una tecnología con implicaciones de gran alcance para la evolución y transformación social. Además, encontré profundas similitudes y consistencias emergentes entre la filosofía de Bitcoin y mi fe"*. Mientras Patrick estudiaba sobre historia del dinero, criptografía y redes descentralizadas comenzó a notar que estaba creciendo otra clase de fe en su interior. *"La adopción de Bitcoin se convierte en una convicción, con evidencia basada en la verdad y los hechos. Y, al igual que nuestra fe, esta convicción nos dará estabilidad en tiempos de volatilidad o duda"*, escribiría años después en su libro *El argumento cristiano a favor de Bitcoin*. Como buen devoto, comenzó a creer en el potencial de transformación de esta tecnología. Dejó de ser simplemente Bitcoin, para convertirse en una herramienta muy poderosa que podía ayudar a las comunidades olvidadas por el sistema financiero tradicional.

Durante la profundización de sus estudios, encontró fuertes puntos de contacto con sus valores cristianos, como la responsabilidad individual y la gratificación diferida. Dicen que la fe puede mover montañas. En el corazón de Patrick se estaba incubando el proyecto comunitario que pondría en movimiento a una comunidad en las montañas de Guatemala.

A pesar de esta idea inicial, sus años de experiencia en voluntariado social lo llevaron a ser muy cauto en un comienzo, a pensar bien la forma de implementar este sueño. Había una cuestión que lo preocupaba y era encontrar el modo de combinar a Bitcoin y el trabajo social en la misma baraja: cómo ayudar sin crear dependencias que terminen siendo contraproducentes. *"Durante mi tiempo involucrado en el trabajo misionero cristiano, una de las cosas con las que siempre luché, y sé que muchas personas que hacen trabajo humanitario pasan por lo mismo, fue con encontrar la manera de llevar oportunidades económicas a algunas de estas comunidades sin crear dependencia. Es triste y habitual que se den situaciones difíciles que involucran al dinero y luego lo económico se convierte en lo más importante y desplaza la relación humana y la construcción social".*

Los años de servicio de esta familia de los Estados Unidos delinearon su cosmovisión sobre las relaciones de dominación. Las experiencias en el terreno permiten caminar con los mismos zapatos de quienes están en un estado de vulnerabilidad. En otras palabras, de adquirir sensibilidad a las políticas coloniales que en el pasado atravesaron las diferentes naciones en el continente y el impacto que aún tienen en el presente. Estos años de servicio, generaron en ellos un profundo compromiso para reparar esa historia. *"Somos muy conscientes de lo que han hecho en Latinoamérica las potencias europeas y norteamericanas en los últimos siglos. Desde hace 500 años se han estado llevando el oro y la plata de Guatemala y de los países de la región. Fue una enorme transferencia de riqueza que afectó al continente durante siglos",* apunta Patrick. Así como el colonialismo monetario generó pobreza y marginalidad, recuperar la soberanía monetaria digital podía ser una excelente oportunidad para generar desarrollo económico

y humano. *"Ahora veo a Bitcoin como el descubrimiento de un oro digital y no quiero que se les arrebate a los habitantes de los países más vulnerables. Quiero que esta energía económica sea capturada localmente para que permanezca y transforme las economías regionales y la estructura social en Centro y Sudamérica, así como también en el resto del Sur Global en su conjunto, por ello es que realmente me apasiona este proyecto que estamos haciendo".* Patrick habla con la fe de un creyente, alguien comprometido en continuar el camino que inició Satoshi Nakamoto, el profeta anónimo que nos entregó sus sagradas escrituras en forma de *software* libre.

Bitcoin se presenta en la vida de las personas de maneras inesperadas. Inicialmente, algunas lo ven como algo ajeno, desconocido. En otras despierta esa curiosidad sobre la "madriguera" que menciona Patrick, ese instante en el que se comprende el poder de transformación que ofrece esta tecnología. Eliazar se vio obligado a trabajar como mesero durante la crisis que siguió a las cuarentenas del COVID, fue entonces cuando escuchó por primera vez hablar de Bitcoin en Panajachel. Eliazar fue siempre un joven inquieto, nunca tuvo vergüenza de preguntar y siempre se destacó por su curiosidad y sus ganas de querer aprender sobre todo. *"Después de la pandemia, aquí en Guatemala la pasamos muy mal. Estaba todo vacío, no había trabajo. Cuando atendía en el restaurante conocí a un huésped y me impactó su playera con la inscripción «Bitcoin». Esa simple palabra despertó mi curiosidad. Le empecé a preguntar qué era y cómo funcionaba. Yo había escuchado sobre El Salvador y cómo su presidente había empezado a trabajar con Bitcoin, pero no le había dado mucha importancia".* Aquel visitante era Patrick. *"Me enseñó cómo funcionaba este nuevo dinero digital, me mostró cómo hacer unas transacciones y me sorprendió la rapidez del proceso. Inmediatamente pensé: si esto es bueno para ellos, que son gringos y tienen la vida más fácil, ¡esto tiene que servir para nosotros también!".* Eliazar se dejó guiar por la intuición. Un joven sin conocimientos previos que pasaba por una situación laboral inestable, en un pueblo remoto de Centroamérica, decidió seguir una corazonada. Algo en su interior le decía que Bitcoin podría ser relevante en el futuro. *"Nunca imaginé que esto iba a cambiar mi vida por completo a nivel personal y familiar. Desde aprender muchas cosas nuevas, a conocer personas extraordinarias y poder soñar con nuevas oportunidades"*. Al comienzo no fue tan fácil, pero la perseverancia de Eliazar resultó fundamental para hacer de este pálpito una realidad. *"Me ofrecí para trabajar con Patrick. La charla fue muy buena, pero luego pasaron varios meses sin novedades. Cuando ya estaba perdiendo las esperanzas de volver a escuchar noticias de ese visitante misterioso, finalmente me respondió y me invitó a sumarme al proyecto"*.

Si hay algo que atraviesa todas las historias de las ECB es que el destino premia la búsqueda de conocimiento de los *bitcoiners* autodidactas. Si bien cada vez existen mejores contenidos educativos, nada reemplaza la sed voraz de conocimiento que se desata cuando uno comprende el impacto que tendrá Bitcoin en el mundo. El caso de Eliazar no fue diferente. Para ser justos, si bien Patrick fue el evangelizador que le mostró el camino, cuando él se sumó al rebaño, gran parte del aprendizaje lo tuvo que investigar por su cuenta. *"Me explicaron más o menos que era Bitcoin, pero me dijeron que iba a tener que profundizar en los conceptos por mi cuenta. Me pasaron un montón de podcasts, comencé a leer El patrón Bitcoin[1] y otros libros. Hasta ese punto yo no conocía nada sobre el dinero. A partir de ahí comencé a comprender cómo funciona la inflación, a aprender sobre bancos, tasas de interés e inversiones. Fue muy interesante para mí"*. Esta

---

1 *saifedean.com/tbs*

Panajachel es una de las 17 comunidades que rodean el lago Atiltlán, en Guatemala. La mayoría de sus habitantes son descendientes de etnias Mayas.

Las calles de panajachel son un mercado a cielo abierto. Siempre ha sido un destino turístico pero en los últimos años ha comenzado a crecer el turismo bitcoiner.

también es la historia de Eliazar quien hoy es uno de los motores principales de Lago Bitcoin. Su camino de fe en esta tecnología que, inspirado por un visitante de otras tierras, tomó como propio para crear oportunidades económicas y esperanza para su pueblo y su gente.

LA MISIÓN

Una pieza a la vez, el rompecabezas de cómo construir una economía circular de Bitcoin comenzaba a tomar forma dentro de la cabeza de Patrick. El carácter deflacionario de Bitcoin, a raíz de su escasez digital, lo convertía en una herramienta y en el candidato ideal para ser la moneda del pueblo. *"Con Bitcoin, los voluntarios podrían entrar en una comunidad, cavar el pozo de agua, construir la iglesia, una escuela y crear oportunidades económicas sin generar dependencia".* Mientras sus ideas comenzaban a macerar, llegaron noticias de una comunidad costera en El Salvador que estaba utilizando Bitcoin. *"Nos gustó mucho la forma de enseñarles a los niños este modelo como la primera vía de acceso a la comunidad, porque los niños tienen más capacidad de incorporar tecnologías innovadoras"*, admite Patrick. Era la semilla de Bitcoin Beach que el viento de las redes sociales había llevado hasta una nueva orilla.

Con el correr de los meses, Patrick se puso en contacto con Hope House y desarrolló una relación muy cercana con Mike Peterson y la familia de Bitcoin Beach. Al igual que en otras economías circulares de Bitcoin, el trabajo con los niños y jóvenes de la comunidad se convirtió en uno de los pilares de la misión. En el caso de Lago Bitcoin, la educación fue el lazo comunitario principal que permitió que brotara esta ECB y comenzara la adopción local. *"Tenemos tres objetivos: educar, promover la adopción de comercios y fomentar la minería de Bitcoin. El primero y fundamental es educar a los niños. Esa es nuestra ancla comunitaria.*

Enseñar a los niños en la escuela demuestra nuestro compromiso y nos da credibilidad para las otras actividades que estamos realizando", subraya Patrick.

Bitcoin Beach se convirtió en un faro en la noche a la hora de orientar a esta y otras ECB. Siguiendo su experiencia, una de las cosas que intentaron hacer desde muy temprano en Lago Bitcoin fue obtener el reconocimiento internacional dentro de la comunidad. *"Mike y el equipo de Bitcoin Beach nos ayudaron muchísimo a que el resto del ecosistema nos conociese"*, reconoce Patrick. *"Recibimos algunas donaciones, pero lo más importante fue que incrementamos el flujo de visitantes y turistas bitcoiners en Panajachel"*.

Si bien es cierto que cada ECB tiene sus propias características y particularidades, a medida que se reproducen, comienza a delinearse un patrón que se repite entre ellas: una vez atravesada la barrera cultural y tecnológica inicial, el siguiente desafío es promover la adopción de Bitcoin entre los comercios locales para que el flujo circular de Satoshis pueda comenzar. *"Conseguir que los comercios locales acepten Bitcoin es la siguiente parte del desafío, y no solo eso, además es importante promover un flujo de clientes que compren con bitcoins, lo cual es clave para incentivar el interés de los comerciantes en la tecnología. Para esto, nos basamos en lo que hace que Panajachel sea tan especial y único: su ubicación y belleza natural"*. Las calles de Panajachel y las orillas de su hermoso lago atraen a turistas de todo el mundo. Mientras caminas por una de las principales calles turísticas, puedes escuchar tres o cuatro idiomas diferentes. *"Pensamos que crear una economía de Bitcoin aquí, para atraer a los turistas del ecosistema, sería una forma perfecta de generar interés entre los comercios"*.

El tercer objetivo de Lago Bitcoin es único, por el momento, entre todas las economías circulares. Del mismo modo en el que estos proyectos comparten iniciativas exitosas y tienen características en común, también existen factores distintivos que las hacen especiales y únicas. Si bien el proyecto de minería de Lago Bitcoin aún está en una etapa temprana, tiene el potencial de convertirse en una fuente sostenible de Satoshis que, al circular entre la población local, podrían empujar el desarrollo económico de la comunidad. *"Nuestro proyecto de minería Bitcoin hasta ahora es original de nuestra economía circular y es realmente emocionante para Guatemala, América Latina y el Sur Global"*, agrega Patrick. Los objetivos son apenas una hoja de ruta; como en la mayoría de las ECB, la expansión depende de los individuos y del tiempo.

LA EDUCACIÓN

Aprovechando la relación que había forjado con el Centro Educativo Josué, Patrick presentó la tecnología y su potencial para el desarrollo económico y social a Nancy Ríos, la directora de la institución. A pesar del carácter desconocido de Bitcoin, los lazos de confianza construidos luego de años de trabajo voluntario fueron suficientes. Las autoridades de la escuela no dudaron en aceptar la propuesta. *"Al poco tiempo de contarles la idea, alrededor de enero de 2022, comenzamos a enseñar lentamente a los niños de Panajachel cómo usar Bitcoin. Fue el inicio de la economía circular de Lago Bitcoin"*, cuenta Patrick, que junto a su equipo tuvieron que comenzar desde cero. No había ningún conocimiento sobre Bitcoin entre los 50 estudiantes que asistían a la escuela. En las clases semanales comenzaron hablando sobre los principios básicos, lo que llevó también a adentrarse en conceptos de economía como dinero e inflación. En paralelo, los jóvenes también recibían información tecnológica sobre los tipos de billeteras y cómo proteger sus claves privadas.

Uno de los efectos maravillosos que emerge en las ECB es que sus participantes comienzan a pensar más en el mediano y largo plazo. Esto es conocido habitualmente en el

ecosistema como una baja en la preferencia temporal, y es lo que sucede cuando pequeños sacrificios en el corto plazo acarrean grandes recompensas en el tiempo. Al hablar de dinero sólido que no se devalúa, la inversión en proyectos sustentables, así como también pensar en relaciones humanas más duraderas, comienzan a cobrar importancia. En un mundo donde la inmediatez y la satisfacción instantánea están a la orden del día, la población local comienza a enfocarse en solucionar los problemas que requieren un esfuerzo colectivo en el corto plazo para generar un bienestar individual y comunitario en el largo plazo. *"Además de los cursos de Bitcoin, lo combinamos con un proyecto de limpieza ambiental para los estudiantes. Después de aprender sobre Bitcoin, los niños fueron invitados a salir y recolectar basura alrededor del lago y por las calles. A cambio de la recolección, les retribuimos la tarea realizada con sats para demostrarles que había valor en ese trabajo ambiental que estaban realizando. Es importante para nosotros que esto no se perciba como dinero gratis, para evitar los problemas del asistencialismo mencionados anteriormente. De la misma manera que con la prueba de trabajo[2] de Bitcoin, es importante que haya una actividad comunitaria involucrada en la producción de esos sats que reciben los niños"*, remarca Patrick.

El proyecto educativo de Lago Bitcoin continuó creciendo en forma constante. Durante el 2023, el equipo comenzó a colaborar con la ONG Mi Primer Bitcoin, de El Salvador, utilizando su plan de estudios sobre Bitcoin como base para sus clases en la escuela. *"Creemos que educar a los niños y adolescentes es clave para resolver muchos de los problemas de Guatemala y América Latina. Los estudiantes tienen entre 12 y 17 años, por lo que enseñarles sobre Bitcoin, el dinero y la economía les está ampliando sus oportunidades para el futuro. El objetivo es prepararlos para el siglo XXI que apenas estamos empezando. Además de eso, el otoño pasado también presentamos la tecnología de impresión 3D y están muy emocionados de tener acceso a otros conocimientos que ni siquiera habían imaginado".* El objetivo final de este proyecto educativo es el empoderamiento de los jóvenes para que se animen a soñar con un futuro mejor y

---

2 *Proof-of-work es la forma en la que el código de Bitcoin asegura el consenso y la incorruptibilidad del software descentralizado.*

Los niños aprenden jugando sobre Bitcoin y dinero en una clase del Centro Educativo Josue, en Panajachel.

Patrick Melder realiza una demostración con la billetera Blink a un grupo de asistentes en la Biblioteca Municipal de Panajachel.

" BITCOIN ES COMO UNA LINTERNA, TE PERMITE VER CON CLARIDAD ALGUNAS CUESTIONES QUE PERMANECEN OCULTAS PARA LA MAYORÍA DE LAS PERSONAS "

Patrick Melder, fundador de Lago Bitcoin.

lleno de oportunidades. No es casualidad que tanto Bitcoin como la impresión 3D sean tecnologías descentralizadas. *"Queremos mostrarles que no tienen que depender del gobierno o de alguna gran empresa para tener una oportunidad. Pueden hacerlo ellos mismos"*, apunta Patrick.

LA ADOPCIÓN

No existe el momento ideal para iniciar una ECB, el camino está lleno de desafíos y siempre se presentan obstáculos. La mayoría de las dificultades que aparecieron inicialmente en Panajachel tuvieron que ver con la típica desinformación y desconfianza que genera una tecnología nueva y disruptiva como Bitcoin. *"Al principio tuvimos que superar el FUD (Miedo, Incertidumbre y Duda, por sus siglas en inglés) y los argumentos de estafa. Pero, notablemente, hemos tenido mucho éxito en la comunidad en muy poco tiempo. Siempre que podemos nos reunimos con el alcalde y le contamos de la evolución del proyecto y los beneficios para la comunidad. Él está involucrado en lo que estamos haciendo"*. Las relaciones de confianza llevan años en ser construidas pero una vez que están sólidas, se expanden en forma rizomática, como las raíces. El tiempo del vínculo entre la familia de Patrick y Nancy y la comunidad fue fundamental para que el proyecto fuera aceptado rápidamente por todos. El destino quiso que el mayor obstáculo en aquellos inicios del proyecto llegara del propio ecosistema. Una paradoja, sin duda, pero para poder entender lo que le sucedió a Lago Bitcoin es necesario bucear un poco en la política monetaria programada que contiene el código inmutable de Bitcoin. Una de las primeras cosas que atraen el interés sobre esta moneda digital descentralizada es la particular dinámica de su precio. Sigue patrones de gran volatilidad en el corto plazo, con una muy clara tendencia alcista en periodos de largo plazo. El comportamiento del precio está definido por la relación entre su oferta

(nueva emisión + ventas de tenedores) y su demanda (reserva de valor de largo plazo + flujo de transacciones de corto plazo). La emisión monetaria de Bitcoin es decreciente y definida por las recompensas que en cada bloque reciben los mineros. Estas recompensas se reducen a la mitad cada 210.000 bloque (aproximadamente cada cuatro años). Si a esta oferta decreciente le sumamos que una gran cantidad de tenedores de Bitcoin lo hacen por periodos muy largos, como reserva de valor, el resultado es que el precio de Bitcoin sea sensible a aumentos en su demanda. Desde sus comienzos, el número de usuarios de Bitcoin ha ido en aumento cada año. Comparado con los otros activos financieros, como los *commodities* o los bonos, el tamaño del mercado de Bitcoin aún es reciente y pequeño, lo que provoca grandes vaivenes en su cotización. A la baja pueden generar problemas a quienes, por temor o necesidad, necesiten vender esos Satoshis durante un momento de precios bajos.

Eso fue exactamente lo que le pasó a Lago Bitcoin. De la misma forma que Bitcoin Beach, en El Salvador, fue afectada en los comienzos por la pandemia de COVID. A Lago Bitcoin lo marcó comenzar su proyecto justo al estar saliendo de un máximo histórico de Bitcoin y, por ende, sufrir durante su primer año caídas en el precio de hasta 60 %. Patrick lo recuerda como un marino que ha pasado por numerosas tormentas: *"Fue un momento muy difícil que profundizó nuestra templanza y compromiso con lo que estábamos comunicando. A pesar de la caída en el precio, creo que tuvimos un éxito notable de adopción y visibilidad global del proyecto. Todos conocemos los ciclos de Bitcoin y su apreciación de largo plazo, dada su escasez y creciente adopción. Cuando eventualmente el precio vuelve a subir, la gente local finalmente entiende con qué está tratando. Creo que esto sucederá en todas las economías circulares de Bitcoin en el futuro. Va a ser emocionante".*

Lograr la mayor visibilidad posible es otra de las áreas donde las ECB han demostrado una creatividad sin límites. La mayoría de las acciones tienen un doble efecto porque contribuyen a que los comercios locales se tienten con integrar nueva tecnología, a la vez que atrae a turistas *bitcoiners* a visitar a una de estas protomicrópolis[3]. En este aspecto, el equipo de Lago Bitcoin se ha destacado particularmente. *"Una de nuestras primeras acciones fue pintar un Tuk Tuk, que es un taxi motorizado de tres ruedas, todo naranja, con un gran logotipo de Bitcoin. Esto ayudó a que la gente entendiera que esto no era una moda pasajera, sino que Bitcoin había llegado para quedarse"*, cuenta Patrick. Luego, el siguiente paso fue pintar las paredes de los comercios con letreros de color naranja de 10 o 15 metros y colocar las insignias que anunciaban: "Aceptamos Bitcoin aquí". Estas acciones de marketing se viralizaron en los medios especializados y las redes sociales. Lago Bitcoin no sólo estaba en el mapa, sino que era un nuevo destino obligado para los *bitcoiners* aventureros.

Para comienzos de 2022, Eliazar ya tenía el conocimiento necesario sobre Bitcoin para poder comenzar a hablar con los comercios del pueblo, pero nunca había experimentado lo que era vivir en una ECB desde adentro. *"En febrero de 2022, me invitaron a visitar El Salvador. Fue una oportunidad increíble para poder ver en funcionamiento todo lo que venía aprendiendo en Panajachel. Supe que era algo que nunca había existido en la historia y volví muy entusiasmado, pensando en todo el trabajo por delante sobre este mundo de oportunidades para transmitir a quienes me rodean en Guatemala"*, comenta Eliazar. Al igual que en el resto de las ECB, conseguir los primeros comercios que acepten Bitcoin siempre es uno de los principales desafíos. El dilema del huevo y la gallina, aplicado a compradores y comercios, donde ambas partes esperan que lo opuesto suceda primero. Eliazar hace una pausa para encontrar las palabras correctas sobre aquellas primeras charlas con los comerciantes de la zona: *"Me preguntaban si yo era de algún banco, qué tenía yo para ganar de todo esto. Yo diría que más o menos siete de cada diez comercios que visitaba me rechazaban al principio. El restante 30 % me escuchaba, y algunos pocos hacían preguntas y se interesaban por el proyecto. Nos preguntaban cuánto tenían que pagarnos a nosotros y les costaba creer cuando*

---

3 Inspirado en el concepto de micrópolis de
Álvaro D. María, La filosofía de Bitcoin (2023).

les decíamos «¡Nada! Nosotros solo venimos a enseñarles sobre Bitcoin para que ustedes lo puedan aceptar directamente en sus locales». Así fuimos creciendo, muy de a poquito. Nos llevó, más o menos, un mes tener el primer local y a los tres meses ya teníamos diez". Una de las primeras en aceptarlo fue Zaruki's Zone, una camioneta de comida rápida manejada por salvadoreños. Después Artisan Coffee GT y la cadena centroamericana de helados Sarita empezaron a aceptarlo. Mientras más locales se iban sumando al mapa de Panajachel, la vida de Eliazar continuaba su aventura de crecimiento personal. *"Si no fuese por Bitcoin nunca hubiese conocido a personas tan increíbles. Nunca hubiese tenido la posibilidad de conocer al alcalde de Panajachel. Ahora, próximamente, si Dios quiere, estaré yendo a una conferencia en Canadá a contar la historia de Lago Bitcoin. Todo esto es increíble".*

Esas tormentas de ideas, sobre cómo llamar la atención de los comercios y turistas, continuaban ocurriendo. Finalmente comprendieron que el foco en Panajachel era apenas el comienzo. Faltaba la foto completa del lago. *"Se nos ocurrió la idea de pintar el bote que lleva a los turistas. Se convirtió en un gran éxito. Muchas personas alrededor del lago comenzaron a conocer Bitcoin gracias al bote anaranjado",* recuerda Patrick con orgullo. La adopción es como el camino sinuoso al subir un cerro: darle la visibilidad, local e internacional, es apenas rodear la base en un extenuante ascenso hacia la cima. Panajachel es apenas una de las 17 comunidades que rodean el ojo de agua, donde la mayoría de los habitantes aún depende de sus ingresos en quetzales. Pero en América Central solo se necesita una semilla para que de esa tierra fértil de oportunidades pueda brotar una selva tropical. Con el tiempo, Patrick entendió que instalar a Atitlán en el circuito turístico *bitcoiner* era una de las claves para recorrer el sendero de la adopción. *"Ahora hemos creado un entorno donde si alguien quiere venir a Panajachel y gastar únicamente Bitcoin en unas vacaciones, y nunca gastar dinero fiat, podría hacerlo. Es decir, podría hacer actividades turísticas, parapente, alquilar un ATV, cruzar el lago en un bote, todo pagando directamente en Bitcoin",* aclara Patrick.

El Tuk Tuk que acepta Bitcoin, fácil de identificar, el primer ícono turístico que incluyó la estrategia de adopción del proyecto de Lago Bitcoin.

LA MINERÍA

La escuela de Panajachel fue la semilla y el invernadero donde nacieron muchas de las ideas que luego se implementaron en Lago Bitcoin. Al tener que preparar las charlas sobre cómo funciona la minería de Bitcoin, Eliazar se vio en la necesidad de profundizar sus conocimientos en la materia. Se volvió un apasionado sobre el tema, pero siempre sobre la teoría, porque nunca había visto un nodo minero en acción. Hasta que llegó el día y tuvo lugar una de esas cosas mágicas que suelen suceder en los proyectos sociales: la empatía. *"Ya veníamos aprendiendo mucho de minería para los cursos, pero cuando una empresa nos regaló el servidor minero cambió todo"*, cuenta Eliazar. Los servidores de minería Bitcoin son computadoras especializadas que se encargan de asegurar la red. Todas las transacciones *on-chain* de los usuarios deben ser incluidas en un bloque de la *timechain* por estos servidores. A cambio de este servicio a la red, los mineros se llevan como compensación económica las comisiones pagadas por los usuarios y la emisión monetaria decreciente que se libera en cada bloque. Estos servidores son los que realizan la prueba de trabajo y generan una relación termodinámica entre la dimensión virtual del Bitcoin y la energía consumida para su minado. Una lección que los amigos de Lago Bitcoin aprenderían rápidamente. *"No lo podíamos creer, era como tocar algo físico que es lo que sostiene toda esa seguridad de la red virtual. Junto a los niños del colegio aprendimos a manejarlo y lo pusimos a minar en la escuela. La alegría duró poco, porque al mes siguiente llegó una suma enorme de electricidad. Era un problema"*. El equipo comprendió con esta experiencia la conexión que une a la prueba de trabajo de Bitcoin con el consumo energético. Además de la inversión inicial en los servidores, el costo de la energía es la principal variable a la hora de definir la sustentabilidad de un proyecto de minería Bitcoin. En el caso de Lago

Bitcoin, este contratiempo, en vez de frenarlos, los estimuló a utilizar su creatividad para encontrar nuevas formas de energía de bajo costo y sustentables. *"Intentamos con el metano de la planta de tratamiento cloacal, pero no pudimos avanzar burocráticamente. Estudiamos hacerlo con paneles solares, pero no llegaban a la energía que necesitábamos"*, recuerda Eliazar los caminos sin salida hasta dar con la solución que terminaron implementando.

El Lago Atitlán está rodeado por tres volcanes activos y se encuentra emplazado a 1600 metros sobre el nivel del mar. Sus aguas eran un espacio sagrado para los mayas, un territorio que les pertenecía a las divinidades. En 1996, un buzo local encontró restos de cerámicas a 20 metros de profundidad y una expedición confirmó que había una ciudadela sumergida bajo sus aguas. Los estudios posteriores confirmaron que el antiguo asentamiento maya, hoy conocido como la ciudad perdida de Samabaj, había sido abandonada hacia el 200 d. C, probablemente debido al aumento del nivel del agua como consecuencia de la erupción de uno de los volcanes. Aquel territorio que antes era sagrado, donde se celebraban diferentes rituales, en el presente recibe gran parte de los residuos de los poblados que viven en los márgenes del lago.

Con el siglo XX llegó el progreso, las rutas y la basura. Actualmente, el vertedero municipal que recibe estos residuos se encuentra emplazado a unos 400 metros por encima del nivel del lago. Cada vez que llueve, gran parte de la basura de alrededor de 17 comunidades es arrastrada hacia sus aguas y termina en el fondo del lago. Los atardeceres en El Atitlán siguen siendo memorables y el lago luce bien en la superficie. Por debajo, sin embargo, hay un problema grave en curso. Para Patrick, la minería Bitcoin podría ser la solución: *"La idea es utilizar la minería de Bitcoin como una forma de incentivar a las personas a usar la basura para producir energía y minar Bitcoin a partir de ella. Este proyecto alinea completamente los incentivos económicos y ambientales y, debido a eso, los residentes locales se están mostrando muy interesados en participar. No es que no estuvieran interesados en cuidar su*

entorno antes, simplemente nunca tuvieron los medios para hacerlo. El proyecto todavía está en una etapa temprana, todo lo que hemos hecho hasta ahora ha sido financiado por nosotros mismos o por pequeñas donaciones". El proyecto Lago Bitcoin se expande de la mano de nuevos y mayores desafíos. Primero una escuela, después un pueblo, y en el horizonte el resto de las comunidades del lago. Al fin y al cabo, la basura es de todos. Entonces, la cooperación se vuelve un pilar. *"Lo genial del proyecto de minería comunitaria de Bitcoin es que estamos planeando tomar una parte de los sats o bitcoins minados y distribuirlos de vuelta a la economía local. No como una renta básica universal, sino como lo que me gusta llamar una «renta básica distribuida», donde las personas reciben una compensación por clasificar y traer su basura".*

Patrick habla con la pasión de un voluntario que ha visto por sí mismo el impacto positivo de sus acciones. Su fe en el rol que puede tener Bitcoin en el desarrollo de los países más vulnerables lo llevó a ir por más. Después de escribir su libro, Patrick aún tenía muchas cosas para decir. Por eso decidió producir *The Mission Podcast* (disponible en Spotify), donde confluyen sus valores de servicio. Tanto la fe como la tecnología son conceptos intangibles, a veces difíciles de conceptualizar. Es por ello que para Patrick siempre ha sido importante aportar al proceso de aprendizaje elementos tangibles como ir a misionar a una selva o correr un *full node*[4] en una escuela. *"Configuramos uno y también un minero de Bitcoin con los alumnos. Que sepamos, fue la primera vez que alguien hizo esto en cualquier escuela de América. Más tarde, también instalamos un minero de Bitcoin en el municipio de Panajachel, que todavía está en funcionamiento y estoy seguro de que este es otro récord regional. Ciertamente es la primera vez en América Latina que un municipio está minando Bitcoin".*

La comunidad de Lago Bitcoin es pionera en la minería comunitaria dentro del ecosistema. No es algo menor. No hay que perder de vista que se trata de una tecnología

---

4 Estos nodos ejecutan el software de Bitcoin y son los responsables de asegurar el consenso de la red y auditar a los nodos mineros que agregan las transacciones a los bloques de la timechain de Bitcoin. Son nodos de bajo costo, pero que juegan un rol fundamental a la hora de proteger la descentralización y antifragilidad de la red.

que se encuentra en una etapa temprana de desarrollo, donde muchos, tímidamente, comienzan a utilizar Bitcoin como medio de pagos o remesas. Este equipo emprendedor continúa explorando el sendero hacia la cima del volcán de la adopción. Al mismo tiempo, comparte su experiencia para que otros puedan copiarla. La vida en una ECB es muy dinámica. Como si una corriente de innovación y optimismo comenzara a atravesar las calles de arena de estos pueblos. Cuando Eliazar empezó a minar reciclando basura se dio cuenta que era apenas el inicio. *"Un día vino un bitcoiner y nos explicó que podíamos modificar un motor Diesel, para minar Bitcoin con aceite de cocina usado. ¡Sólo necesitábamos un transformador, bobinas, acoples y un motor!"*. Eliazar aceptó inmediatamente el desafío y juntos se pusieron a buscar los elementos necesarios. Todos los conocimientos que tenían sobre el tema provenían de videos de internet, pero eso no los hizo dudar. Cuando llegaron al final del último video comenzó la excitación, por momentos incontenible. El motor estaba terminado, pero era tarde. No había manera de conciliar el sueño y esperar al día siguiente para probarlo. *"¡Fue ahí mismo! En el jardín del hotel donde estaba alojado nuestro amigo. Pedimos en la cocina aceite usado y nos dieron un balde. No teníamos un filtro así que improvisamos uno con unos pantalones de lona y nos pusimos a filtrar al lado de la piscina. La gente del hotel nos miraba y no lo podía creer"*. Cuando el motor arrancó y el código de Bitcoin comenzó a correr, aquel visitante misterioso y Eliazar se fundieron en un gran abrazo. La explosión del festejo tenía dos motivos: por un lado, podían generar Satoshis para distribuir en la comunidad y acelerar los beneficios circulares del proyecto. Por el otro, era un gran incentivo porque sabían que el aceite de las cocinas era una de las principales fuentes de contaminación del lago Atitlán generando un alineamiento total de los incentivos ecológicos y económicos de la comunidad.

Aquel momento ilustra el empeño incansable de este equipo, que hoy se encuentra en una cruzada para evitar que muchos hogares y restaurantes de Panajachel descarten en el lago el aceite que utilizan a diario. En paralelo a la prueba de concepto del motor

de aceite, continuaron avanzando los trabajos relacionados a la fermentación de basura y la producción de biogás. Lo revolucionario del planteo de Lago Bitcoin es que lograron activar un ciclo de protección ambiental colaborativa y distribución de la riqueza que no para de crecer. Además, existen abundantes recursos energéticos renovables en la región, como la generación hidroeléctrica, eólica, solar y geotérmica que, según Eliazar, también se encuentran en estudio. *"Además hay una planta de tratamiento de aguas residuales en Panajachel con un gran biodigestor que está roto y su metano se está filtrando al medio ambiente. Usar este metano podría ayudar a reducir las fugas. Por el momento no hemos podido avanzar en este proyecto, pero hemos investigado las energías solar y eólica, que son más costosas, lo que las hace inviables para nosotros por el momento"*.

El esfuerzo sostenido ha comenzado a dar frutos. El crecimiento de Lago Bitcoin y su visibilidad internacional han logrado que el equipo reciba apoyo de algunas empresas, compartiendo su *know how* y ayudándolos en este complejo proceso de generar energía en forma descentralizada. *"Hay una empresa en California llamada Vespene energy que está minando Bitcoin a partir de residuos sólidos convertidos en metano. Nos pusimos en contacto con la empresa y fueron muy amables y de gran ayuda. Su tecnología es muy interesante, ya que no es necesario clasificar la basura entre orgánica e inorgánica. Puedes tomar los desechos directamente del camión y llevarlos al proceso. El sistema expone los residuos a calor indirecto, estos se consumen y crean energía que se puede utilizar para minar Bitcoin. Nuestro objetivo a largo plazo es poder tomar el material directamente del vertedero, convertirlo en bitcoins y eliminar completamente los residuos sólidos del medio ambiente"*, completa Patrick con una profunda sonrisa en su cara.

Cuando el equipo mira hacia atrás en el sendero que ha recorrido, lo último en lo que piensa es en detenerse. A futuro tienen planes de reclamar la tierra alrededor del vertedero para desenterrar la basura vieja y convertirla también en *bitcoins*. Hasta ahora, el equipo se ha enfocado en realizar algunas pruebas piloto exitosas, pero es importante reconocer los obstáculos relacionados al capital necesario para la minería Bitcoin. Patrick, sin embargo, tiene confianza: *"La recaudación de fondos nos viene retrasando un poco, pero espero que podamos avanzar con esto a toda velocidad durante 2024 y 2025".*

Los métodos de generación de energía y minado continuarán evolucionando y depurándose. Al final del día, lo más importante es asegurar la continuidad de la misión en la línea de tiempo. Detrás de todas las ECB hay un sentido de humildad, quizás heredado del propio Satoshi, donde la sustentabilidad y futuro del proyecto son una prioridad. *"La principal razón por la que queremos hacer la minería comunitaria es para que la economía circular de Lago Bitcoin sea sostenible a largo plazo. Queremos encontrar una forma de poder poner bitcoins o sats de vuelta en la economía local para impulsar los beneficios circulares en toda la comunidad. Así que traer la minería de Bitcoin a Panajachel es una forma de asegurarnos de que el proyecto pueda continuar más allá del impulso inicial realizado por nosotros mismos",* resume Patrick en un rezo de entusiasmo. Amén.

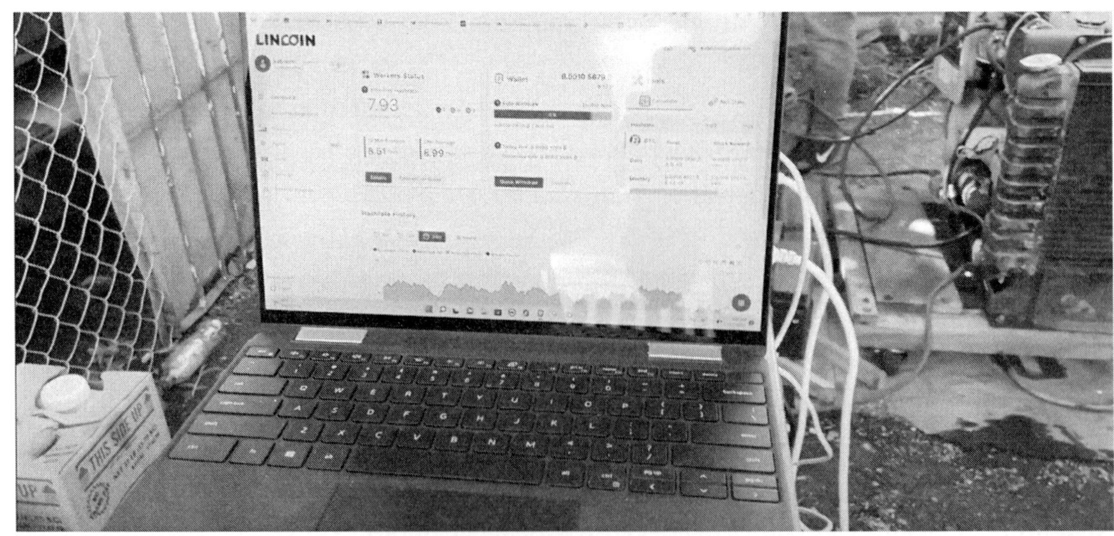

Lo que parece imposible: el motor adaptado con aceite es utilizado para minar Bitcoins. El Proyecto Lago Bitcoin planea utilizar las recompensas para redistribuirlas en lacomunidad.

" CUANDO DESCUBRES QUE BITCOIN ES UNA GRAN HERRAMIENTA PARA TRANSFORMAR NUESTRA CIVILIZACIÓN TE QUEDAS BOQUIABIERTO "

Patrick Melder, fundador de Lago Bitcoin.

Eliazar hace una demostración del motor diésel adaptado para que funcione con aceite de cocina reciclado. La mayoría de los hogares y restaurantes que se encuentran a orillas del lago Atitlán vuelcan los sobrantes en las aguas, generando un problema ambietal.

EL HILO INVISIBLE

Como vimos en el capítulo de Bitcoin Beach, en los últimos años, el equipo de El Salvador, ha propagado el fuego de sus objetivos para ayudar a la creación y aceleración de otras ECB incipientes por el mundo. Su experiencia es generosamente compartida con los otros proyectos, en lo que hoy conocemos como una red de redes. Proyectos independientes, distribuidos por el mundo con un objetivo en común: utilizar la tecnología Bitcoin para mejorar las condiciones de vida de su comunidad, generar oportunidades laborales, contención social y la esperanza de un futuro mejor. *"Bitcoin Beach es definitivamente el ancla para todas nuestras comunidades y economías circulares. Observamos lo que está sucediendo allí y aprendemos de su experiencia. También, como la mayoría de los otros proyectos, hemos recibido apoyo financiero de Bitcoin Beach. Mike ha sido extremadamente generoso y de gran ayuda al asesorarnos sobre qué próximos pasos seguir y cómo hacer crecer el proyecto"*. Patrick sabe lo importante que fue esa ayuda para Lago Bitcoin y siente la responsabilidad de contribuir a una cadena de favores virtual entre las ECB . *"Además de la muy buena y cercana relación con Bitcoin Beach, también estamos en contacto y hemos colaborado con Praia Bitcoin, en Brasil; Bitcoin Ekasi, en Sudáfrica y Bitcoin Jungle, en Costa Rica. Todos estamos un poco conectados y nos apoyamos mutuamente: es como un club de economías circulares de Bitcoin en este momento, donde aprendemos unos de otros e intercambiamos ideas. Todos somos muy colaborativos, ya que estamos tratando de lograr lo mismo con objetivos comunes. Al mismo tiempo, cada uno de nosotros tiene algo un poco diferente que estamos haciendo en nuestra comunidad, lo que creo que es realmente genial y hace que cada economía circular de Bitcoin sea única"*. Detrás de todas estas ECB existe un hilo invisible que las conecta. Esto las hace mucho más fuertes y resilientes que si fuesen simples proyectos aislados. Sus lazos humanos, tecnológicos y económicos hacen que esta red de redes tenga una morfología muy similar a la *timechain* de Bitcoin. Eliazar sintió en primera

persona la existencia de esta red poderosa durante su viaje a El Salvador: *"Pude contactarme con varios bitcoiners increíbles que nunca hubiese conocido de otra forma. ¡Me dio la posibilidad de conocer a Chimbera! Nos ayudaron mucho, fueron muy generosos con nosotros"*.

Las similitudes y diferencias de cada ECB son claves para el éxito. Inclusive, los errores o pérdidas de tiempo que han sufrido unos han servido como aprendizaje para otros proyectos. Al igual que en la naturaleza, la diversidad hace al ecosistema más fuerte y esto es algo que Patrick entiende profundamente: *"Esas pequeñas adaptaciones a las condiciones de cada comunidad se vuelven cruciales para el éxito del proyecto en general. Somos un ejemplo vivo de cómo Bitcoin puede ayudar a diferentes comunidades con diversas necesidades. Para desarrollar una economía circular de Bitcoin, tienes que identificar cuáles son las necesidades en tu comunidad. No puede ser un enfoque de «talla única» y eso hace que cada proyecto sea especial"*.

El bote Bitcoin, utilizado por los turistas del ecosistema para trasladarse, ayudó a expandir el Bitcoin a las diferentes comunidades que se encuentran a orillas del lago.

Patrick posa con alumnos del Centro Educativo Josué.

EL MAPA DE LAGO BITCOIN

La experiencia del usuario y la seguridad siempre son temas críticos a la hora de encarar la adopción masiva de Bitcoin. Los líderes comunitarios responsables de elegir qué tecnología presentarles a los usuarios locales siempre deben enfrentarse a una dicotomía: priorizar soluciones centralizadas de fácil acceso y recuperación de fondos para usuarios inexpertos o brindar soluciones de autocustodia, que requieren un mayor nivel de conocimiento y responsabilidad a la hora de proteger las llaves privadas. Esta disyuntiva no tiene una respuesta única, cada comunidad decide qué solución es la mejor para los usuarios, y en un proceso continuo de prueba y error van corrigiendo, mientras la economía circular continúa madurando. Sin embargo, esta es otra de las áreas donde se puede apreciar una gran colaboración entre la red de ECB. Así como los errores sirven de ejemplo, las soluciones y tecnologías desarrolladas para un territorio en particular son compartidas y aprovechadas por los otros miembros de la red.

Patrick ha aprendido a elegir las batallas: *"Nosotros no tenemos nuestra propia billetera. Hemos decidido usar la billetera de Bitcoin Beach y, por lo tanto, solo usamos Lightning. Esto nos evita tener que hablar en un comienzo sobre on/off chain, lo que puede ser complejo para los usuarios iniciales. Cuando integramos un nuevo comercio solo les hablamos de Bitcoin y les damos una billetera de Bitcoin Beach sobre Lighting network. La razón por la que no tenemos nuestra propia billetera es porque no contamos con los recursos necesarios para desarrollarla y tampoco estábamos seguros de cuánto valor generaría. Así que simplemente decidimos usar la de ellos que funcionaba en su territorio"*. Esa billetera además ofrece una característica que resultó fundamental para la foto completa de las comunidades del lago. El mapa se convirtió en una herramienta muy poderosa a la hora de integrar nuevos comercios, porque ilustra en el momento que el competidor de la otra cuadra ya está aceptando Bitcoin. *"Entonces les decimos, «¡tú también deberías estar haciendo eso!». Al principio era un poco difícil, porque nadie alrededor del lago estaba aceptando Bitcoin, pero inclusive en ese momento, podíamos desplazarnos por el mapa hasta El Salvador y mostrarles que ya había muchos comercios aceptándolo. Esto nos dio credibilidad y permitió demostrar que Bitcoin no era una estafa. Les advertíamos: «Estas son todas las empresas en El Salvador que atraen a los bitcoiners para que las visiten, ¡tenemos que hacer lo mismo!»".* En la actualidad, el mapa alrededor de Panajachel está lleno de pines naranjas. En más de 70 lugares se puede pagar con *sats* y los pines están comenzando a pintar los márgenes del lago Atitlán con comercios que aceptan Bitcoin. Según Patrick, la foto completa del lago era el gran objetivo. *"La intención era llegar eventualmente a todo el lago, pero en su momento nos dimos cuenta de que una estrategia de disparo de escopeta, con muchas tiendas pero con un volumen muy bajo de compradores por la gran dispersión geográfica del lago, podría generar una no tan buena experiencia de comerciante/cliente. Por ello decidimos primero enfocarnos en asegurar que la experiencia del usuario y la conciencia comunitaria de lo que está sucediendo con Bitcoin sea muy profunda en Panajachel. Luego, cuando pensemos que hemos alcanzado esa meta, definitivamente avanzaremos por el resto del lago. Queremos asegurarnos de que la experiencia sea genuina, única y robusta para los bitcoiners que visiten nuestra comunidad".* Esta estrategia de adopción focalizada en determinadas áreas geográficas es algo que han repetido con gran éxito varias ECB. La idea de concentrar en áreas y mercados a los compradores y vendedores que utilizan Bitcoin parecería ser, según estas experiencias, más efectivo que dispersar los esfuerzos en grandes áreas con un menor nivel de transaccionalidad.

Mientras tanto, a Eliazar le llama la atención ver cómo paulatinamente los comercios y usuarios locales comienzan a comprender las propiedades de Bitcoin, más allá de un simple medio de cobro. *"Una de mis grandes sorpresas fue ver que ya hay*

❝ BITCOIN ES LA ESPERANZA QUE FALTA EN ESTE MUNDO, SABER QUE LAS COSAS PUEDEN ESTAR MEJOR Y TENER UNA HERRAMIENTA PARA LOGRARLO ❞

Eliazar, líder de Lago Bitcoin

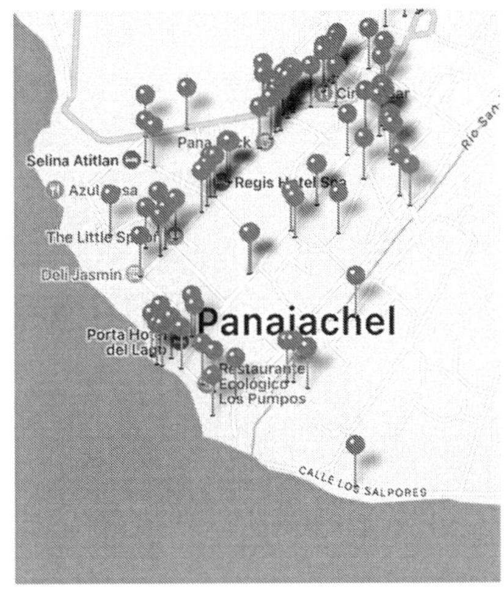

El mapa de la billetera Blink, que indica los locales que aceptan Bitcoin como método de pago en Panajachel.

personas aquí en Pana[5] que están ahorrando en bitcoins. Con el correr del tiempo entendieron que además puede ser una muy buena forma de inversión y reserva de valor. Yo en mis charlas principalmente me enfocaba en explicarles cómo lo podían gastar y utilizar, pero ahora muchas personas ya lo comienzan a ver como algo aún mejor que el oro. Antes de Bitcoin nadie hablaba de ahorrar por aquí. Ahora hay muchos que piensan en cómo ahorrar Satoshis para poder tener un mejor futuro".

Una constante que acompaña el hilo invisible a lo largo de las ECB es que cada uno conoce el punto de partida, sin poder predecir a dónde lo llevará la energía de la "prueba de trabajo". Si bien el equipo de Lago Bitcoin no ha definido objetivos sobre cuántos comercios o usuarios buscan alcanzar, sus sueños aspiran a llegar a cada habitante del pueblo: *"Queremos construir una economía circular de Bitcoin en Panajachel, donde todos los residentes de la ciudad se sientan seguros y cómodos con Bitcoin",* se emociona Patrick. *"Al mismo tiempo, que sepan que están invirtiendo en un activo escaso que les da acceso a una tecnología de riqueza generacional. Desde el punto de vista educativo queremos*

---

5 *Apodo cariñoso de los lugareños de Panajachel.*

Eliazar demuestra los beneficios de aceptar pagos en Bitcoin a un comercio de Panajachel.

ver que cada escuela en Panajachel esté enseñando de Bitcoin y soberanía financiera. Y luego, desde una perspectiva minera, nuestro objetivo de largo plazo es llegar a poder generar los incentivos económicos necesarios para limpiar el lago Atitlán a través de la minería de Bitcoin".

CONSEJOS PARA COMENZAR UNA ECB

Patrick es un hombre de fe: cree en la bondad del ser humano y en el poder transformador de esta tecnología. Y en este marco asume la responsabilidad de difundir estas ideas, de evangelizar, siguiendo la lógica de información abierta y disponible para todos, una premisa de Satoshi Nakamoto. Para Patrick las claves del éxito son tanto educativas como espirituales: *"Creo que lo primero que necesitan hacer es leer los white papers de Bitcoin, Bitcoin Beach y Galloy. Nosotros también publicamos un white paper para compartir con la comunidad".* Una vez adquiridos los conocimientos básicos, el otro aspecto fundamental recae en la confianza y la dedicación. *"En segundo lugar, necesitas tener confianza de la comunidad en la que quieres hacer esto. Si no tienes relaciones de confianza, la gente no te va a creer. Además, tienes que estar comprometido. Es mucho trabajo duro. La tenacidad y convicción son clave, ya que tendrás que acostumbrarte a que la gente te diga que NO muy a menudo. Yo soy un bitcoiner maximalista[6], pero no puedes pensar como un maximalista a la hora de comenzar una ECB. No puedes desestimar a la gente porque no entiende. Tienes que ser paciente. Tienes que estar dispuesto a escuchar mucho ruido y persistir".*

---

6 Se denomina generalmente bitcoiners maximalistas a quienes defienden a ultranza los valores de la descentralización, inmutabilidad y seguridad del protocolo.

Patrick, Eliazar y colaboradores del proyecto Lago Bitcoin posan sobre el muro de uno de los locales que aceptan Bitcoin en Panajachel.

ASCÓN
TORTILLERIA
3 TIEMPOS
in!
ero
otado

Patrick cree en *La Biblia* y en el *White Paper*. En la imagen de Jesús y en la de Satoshi Nakamoto. Sin su fe, Melder no sería Patrick. Y sin Bitcoin, Panajachel no sería la semilla de Lago Bitcoin.

Los medicamentos se pueden pagar con sats en una farmacia de Panajachel.

X: @LakeBitcoin

X: @JUN_AJPU_btc

IG: lakebitcoinpana

Facebook: LAGO BITCOIN GUATEMALA

Nostr: npub13znkgwnwzpa5ldrws28a6uxkdfg75dy56t0ds38wu30ypajcpyaqmmafdk

Donaciones: trixano31@blink.sv

EL DESPERTAR DE SATOSHI

BITCOIN COMO CAMINO ESPIRITUAL Y HERRAMIENTA PARA LA ELEVACIÓN DE LA CONCIENCIA

Proyecto: **Bitcoin Jungle.**
Ubicación: **Uvita, Costa Rica.**

CAPITULO 3

LA CHISPA QUE INICIÓ EL FUEGO

El embrión de cada Economía Circular de Bitcoin es único. Los propósitos que las empujan son diversos y, a medida que crecen, los proyectos van desarrollando su identidad. Las búsquedas de sus protagonistas suelen moldear el origen de cada una, con características y necesidades que las definen. En los fundadores, que deciden perseguir esta aventura social, tecnológica y económica, suele estar la clave. El proyecto Bitcoin Jungle nació en el corazón de la selva de Costa Rica, donde una vibrante comunidad de expatriados y nómadas digitales de todo el mundo está intentando desarrollar una forma de vida más consciente y en armonía con la naturaleza.

Fueron dos hombres los que encendieron la chispa que dio luz a Bitcoin Jungle. Con el tiempo se sumaron otros alrededor del fuego, pero fueron dos las energías que se alinearon para dar inicio a este proyecto. Uno desarrollador y emprendedor serial; el otro periodista, maestro jubilado y activista defensor de la democracia. Ambos compartían dos creencias profundamente arraigadas en sus corazones. Primero: Costa Rica es el mejor lugar del mundo para vivir. Segundo: Bitcoin es una tecnología esclarecedora, que puede llevar a la humanidad a una forma de vida más pacífica y evolucionada.

Richard Scotford vivió en Hong Kong durante más de veinte años. Tenía una vida como maestro y reportero *freelance* para diversos medios gráficos, siempre como analista político. Richard fue testigo en el terreno de las protestas pacíficas que comenzaron allí en

2014 con el "Movimiento de los paraguas", que se convirtió en un símbolo de resistencia. Sin medias tintas, Richard apoyó la lucha democrática de Hong Kong contra el Partido Comunista de China, que impuso un sistema de elecciones en el que la población sólo podía inclinarse por los candidatos seleccionados por el partido. A través de sus artículos, Richard pasó a integrar la escena política de Hong Kong y cuando sus amigos y colegas comenzaron a ser enviados a prisión, decidió dar un giro a su vida.

"Así que en 2018 le dije a mi familia: «¡Hey, vámonos a Costa Rica!». En ese momento, había pasado toda mi vida adulta en Asia. Nunca había estado en las Américas. Nunca había estado ni siquiera en los Estados Unidos, y mucho menos en América Central. Pero empacamos toda nuestra casa y volamos a Costa Rica", sostiene Richard, sugiriendo que fue el destino quien marcó la X en el mapa. Sin embargo, antes de dejar Hong Kong, Richard y su esposa pudieron experimentar en primera persona el costado más especulativo de un mercado alcista[1] dentro del ecosistema de las criptomonedas. Hong Kong es conocida como una de las jurisdicciones más amigables con las criptomonedas y fue el centro de múltiples proyectos relacionados con *tokens*[2] e ICO[3] en aquel momento. *"Fue salvaje. A mi esposa la buscaban permanentemente como asesora porque había todos estos ICO sin sustancia local. Ella tenía una gran formación empresarial, por lo que le ofrecían grandes cantidades de estos tokens simplemente para que apareciera en su sitio web porque era directora de recursos humanos y graduada de Oxford"*, recuerda Richard.

Por entonces, Richard no sabía nada sobre Bitcoin y admite que tachó de la lista todos los errores que suelen cometer los iniciados en el mercado de las criptomonedas antes de llegar a Bitcoin. *"Nos estafaron, perdimos dinero hasta mediados de 2018, cuando comenzamos a entender las diferencias entre Bitcoin y las demás criptomonedas"*. La comprensión sobre Bitcoin y el profundo impacto que este podría tener en el mundo se produjo en un momento muy especial de la vida de Richard y su mujer. *"Estábamos en la trampa de la*

---

1 *Del inglés bull run.*

2 *Token es el nombre genérico que se utiliza para denominar a un activo digital emitido en una base de datos distribuida o blockchain.*

3 *Ofertas iniciales de monedas donde los patrocinadores de un proyecto criptográfico ofrecen tokens a cambio de financiación.*

clase media, donde teníamos todo lo que necesitábamos. Todo lo que podíamos hacer era tener más cosas o mejores cosas. Un mejor coche, un barco más elegante, una casa más grande o unirnos a un mejor club. Yo lo llamo una trampa, porque no había nada extra por poseer. Estaba claro que nuestra felicidad no iba a cambiar por tener más o mejores cosas. Queríamos hacer algo radicalmente diferente y así es como terminamos en Costa Rica".

Al principio la pareja exploró los diversos climas y paisajes del país. Encontraron muchas similitudes con las junglas de Hong Kong, disfrutaron de las playas volcánicas del Océano Pacífico, así como las del Caribe. No era fácil impresionar a los nuevos visitantes, que conocían de memoria las playas asiáticas. No fue hasta la Navidad de 2019, cuando Richard le daría un nuevo significado a su propósito en Costa Rica. *"Participamos en una ceremonia de ayahuasca en la jungla. De pronto, tres ideas diferentes se conectaron en mi mente. Por un lado, sentí una llamada a sumergirme profundamente en la medicina de la jungla, que es fundamental en la cultura costarricense. Por otro lado, se conectaron todas las ideas que yo tenía sobre Bitcoin. Por entonces, yo estaba precisamente cayendo en la madriguera, estudiando y aprendiendo todo lo posible. Y, por último, todo esto se conectó con las conversaciones sobre la mejor manera de escolarizar a nuestra hija. Todo se unió: yo era profesor en Hong Kong, naturalmente me surgió involucrarme con una escuela primaria local. Luego surgiría la idea de construir nuestra propia escuela secundaria en 2020".*

Al poco tiempo, el sueño de abrir su propia escuela comenzó a cobrar vida. *"Le dije a mi esposa: «vamos a crear la primera escuela en Costa Rica que acepte Bitcoin. Y vamos a enseñarles a los niños y a nuestros hijos sobre Bitcoin»".* En poco tiempo se dieron cuenta de que no sabían cómo aceptar los pagos mensuales en Bitcoin y luego convertirlos a colones (la moneda local) para pagar los gastos administrativos de la institución. *"Una cosa es saber cómo poner Bitcoin en almacenamiento en frío[4], pero usarlo como un riel de pagos en forma diaria es una historia diferente. Lo único que se me ocurrió fue enviar un tweet a la comunidad de Bitcoin que decía: «Somos una escuela en Costa Rica, queremos aceptar Bitcoin ¿Cómo lo hacemos?»".* Mucha

---

4 *Del inglés cold storage*

gente respondió al pedido de ayuda de Richard, incluido Nicholas Burtey[5], cofundador de Galoy y la billetera de Bitcoin Beach, actualmente llamada Blink[6]. Nicholas sugirió que la mejor manera de comenzar a aceptar pequeños pagos era a través de una billetera Bitcoin Lightning y se ofreció a ayudar. Los animó a crear una bifurcación (o *fork* en inglés) de su propia billetera, basada en el repositorio de código abierto de la billetera Bitcoin Beach. Ese fue el primer momento en que Richard se dio cuenta de que no estaba solo. *"Ahí es donde las cosas comenzaron a tomar forma. Queríamos desarrollar nuestra propia billetera para simplificar los pagos en la escuela, y al mismo tiempo también facilitar la adopción de Bitcoin en Uvita, el pueblo que elegimos para vivir. El problema era que no teníamos las habilidades técnicas necesarias para bifurcar el repositorio de Galoy y construirlo".*

El universo se las arregla para cruzar los caminos de las personas que se necesitan mutuamente. Justo cuando Richard se encontraba estancado por su falta de habilidades técnicas para lanzar una versión local de la billetera adaptada a las necesidades de Uvita, conoció a Lee Salminen, un ingeniero de *software* y empresario serial de Boulder, Colorado. Lee es una persona alegre y positiva, que ve una oportunidad junto a cada desafío. La combinación de sus habilidades prácticas, su pasión por Bitcoin y su propósito en la vida lo convirtieron en el candidato perfecto para iniciar una ECB. Richard y Lee encajaron como las primeras piezas de un rompecabezas. *"Lee es otro fundador central de Bitcoin Jungle. Él pudo darle vida real al proyecto. Copió la billetera de Galoy en un fin de semana, sin ningún apoyo. Ni siquiera los muchachos de Galoy podían creer que lo hubiésemos hecho tan rápido"*, recuerda Richard. Justo en aquel momento se estaba llevando a cabo la primera edición de la conferencia Adopting Bitcoin[7], en El Salvador. Richard viajó al país vecino, mientras Lee se quedaba en Costa Rica trabajando en la billetera. *"Ir a ese viaje a El Salvador fue revelador. Nadie sabía quién era yo. Un simple tipo inglés caminando por los pasillos, tratando de hacer amigos, diciendo: «Hola, queremos hacer algo como Bitcoin Beach en Costa Rica. ¿Pueden ayudarnos?»".* Visto desde afuera, el enfoque de Bitcoin Jungle

---

5 X: *@nicolasburtey*
6 X: *@blinkbtc*
7 *www.adoptingbitcoin.org/*

parecía imposible. Copiar el código fuente de una billetera durante un fin de semana, sin el apoyo técnico de los desarrolladores originales, era un gran desafío. Después lanzar una campaña de adopción sin una cantidad significativa de *sats* para donar e iniciar el proceso. No obstante, Richard sabía que una economía circular de Bitcoin en Costa Rica tenía potencial por una simple razón. *"¡Los sats ya estaban ahí! Sabía que Costa Rica era diferente. Había mucha gente a mi alrededor que poseía Bitcoin. Estaba lleno de expatriados. Todo lo que necesitábamos era crear los rieles de pago para ponerlos en movimiento. El dinero ya estaba aquí, solo necesitábamos lugares donde gastarlo"*. Richard no anda con vueltas y va directo al grano porque siente que tiene un mensaje que debe compartir: *"Tienes que conocer a tu comunidad. Entiende y proporciona el servicio que necesitan. Es importante aprender de las otras economías circulares, pero muchas veces las claves del éxito están en las diferencias"*. Cuando Richard regresó de El Salvador, Lee ya tenía la billetera funcionando. La emoción en los volcanes de la jungla costarricense comenzaba a generar los primeros sismos.

Pura vida: la belleza natural de Costa Rica es una de las razones que atrae a *bitcoiners* de todo el mundo hasta el triángulo que forman los pueblos de Dominical, Uvita y Tinamaste.

EL PLAN

Desde el principio, los fundadores de Bitcoin Jungle decidieron mantener los esfuerzos concentrados en un área relativamente pequeña llamada *The Golden Triangle*, demarcada por los pueblos de Dominical, Uvita y Tinamaste. En lugar de extender los esfuerzos por todo el país, decidieron enfocarse en esta región particular, caracterizada por buscadores espirituales, surfistas y personas con una profunda conexión con la naturaleza. *"Aunque Bitcoin Jungle se está derramando en todo el territorio de Costa Rica, en el comienzo no tuvimos planes de salir masivamente e intentar adoptar a todo el país. Siempre se ha tratado de mantenerlo pequeño, local, dentro de nuestras conexiones personales. El área entre Dominical, Uvita y Tinamaste tiene muchos sanadores, practicantes de medicina natural y personas alternativas. Tiene esta energía única que es difícil de explicar, pero fácil de sentir. Es un área muy grande, llena de extranjeros, que reciben ingresos de sus países y tienen la necesidad de gastarlos en Costa Rica".*

Govinda viste atuendo de yoga y susurra una voz calma, que transmite la vibración de gran parte de esta comunidad de extranjeros que eligieron Costa Rica como su nuevo hogar. Govinda es otro miembro clave de Bitcoin Jungle, dirige el centro holístico Awake[8], un hotel sustentable con actividades relacionadas con el yoga y la meditación. Awake, también es el lugar donde se llevan a cabo muchas reuniones de Bitcoin, así como sesiones de capacitación sobre la billetera de Bitcoin Jungle. Además, este centro también es el lugar donde se llevó a cabo la conferencia Nostrica en 2023. Esta comunidad única ha adoptado Bitcoin como otra herramienta para buscar la elevación de la conciencia humana y la armonía con la naturaleza. En pos de contribuir a este equilibrio, el ganarse la confianza dentro de la comunidad fue clave para integrar esta tecnología innovadora en su vida diaria. *"Fue clave para el éxito del proyecto tener fundadores como Lee y Richard",* aclara Govinda. *"Cuando el proyecto comenzó, había varias estafas de criptomonedas dando vueltas*

---

8 *Awake significa despertar en inglés.*

y ellos pudieron explicar en español a los dueños de las tiendas las diferencias con Bitcoin, así como los aspectos técnicos de la billetera en términos muy simples. Fueron clave para desarrollar confianza en el proyecto y en el equipo de personas que estaba por detrás".

Al ser escaso, digital y transparente, Bitcoin comienza demostrar sus ventajas, resolviendo problemas a múltiples tipos de personas. Vale la pena detenerse en el perfil de los usuarios principales de Bitcoin Jungle. Ellos tienen un problema diferente al de las familias exiliadas de El Salvador, por ejemplo, que envían remesas a sus hogares. Es cierto que ambos proyectos coinciden en la forma en que definieron su área de influencia objetivo, buscando concentrar la cantidad de pagos de Bitcoin por tienda, nutrir su experiencia de usuario y sus ingresos económicos, con el objetivo de mantener una relación estable entre el número de visitantes y el tamaño de la red de tiendas. Sin embargo, la población del Triángulo tenía algo en común que otras ECB no.

Al igual que otras ECB, el surf está integrado a la cultura de Bitcoin Jungle.

Meetup
Bitcoin en
el centro
comunitario
Awake, el
corazón de
Bitcoin Jungle.

Como a Richard le gusta decir, *"La mayoría de las personas en la comunidad de Bitcoin Jungle ya han hecho el trabajo"*. Él se refiere a que muchos de los habitantes de Uvita y Dominical ya entendían cómo custodiar monedas virtuales e incluso muchos usaban Bitcoin como reserva de valor. El equipo sólo necesitaba darles un sistema de pago directo para encender el ciclo circular virtuoso. En lugar de pagar con tarjetas de crédito con altas comisiones y necesitar constantemente transferir dinero al país desde el extranjero, los usuarios podrían simplemente cargar su billetera Bitcoin Lightning y comprar todo lo que necesitaran. *"Nuestro principal objetivo era bastante sencillo, estábamos enfocados en reducir la fricción de utilizar Bitcoin para las personas que visitan y viven en Costa Rica"*, expone Richard la conclusión a la que llegó tiempo después de procesar el propósito que había destilado su viaje espiritual. Sólo faltaba diseñar una estrategia de adopción e incentivar el turismo *bitcoiner*.

NUEVO CONTRATO SOCIAL

Costa Rica es conocida mundialmente por sus playas paradisíacas, selvas brumosas, animales exóticos, volcanes y el surf. Suele ser un punto muy atractivo para el turismo en el corredor de Centroamérica. Más si a eso se le suma su estabilidad política, sus altos estándares de seguridad, su lema "Pura vida", como una declaración de respeto por la naturaleza y la abolición de su ejército. El resultado no solo llamó la atención del turismo dentro del ecosistema, sino de la comunidad de nómadas digitales, que comenzaron a tomarlo como uno de sus espacios permanentes. La comunidad continúa en expansión, con un porcentaje de visitantes y otro de familias que deciden establecerse. La mayoría son extranjeros de Estados Unidos, Canadá y Europa, algunos buscando escapar de la

vigilancia excesiva y la creciente opresión de los gobiernos. *"Muchos vinieron aquí buscando un nuevo contrato social, uno que funcione para todos y que no sea impuesto desde un enfoque de arriba hacia abajo"*, subraya Govinda antes de hacer una pausa, tomar aire, y aclarar el manifiesto no escrito pero adoptado por la comunidad. *"Creemos en la libertad, en la paz y la prosperidad, que son valores que están profundamente alineados con Bitcoin. No queremos que nos digan qué hacer. Esta es la razón por la que tengo grandes esperanzas en el rápido crecimiento de la comunidad Bitcoin Jungle".*

De todos modos, los primeros años de estos proyectos, que crecen hasta convertirse en una ECB, no son sencillos. Los fundadores suelen delimitar las fronteras. Existen múltiples maneras de involucrarse en el ecosistema de Bitcoin y, dadas las características de la comunidad costarricense, se discutieron diferentes modelos en los primeros días. Tener una gran comunidad de expatriados expertos en tecnología, con *bitcoins* disponibles para gastar, representa una tentación o una oportunidad —depende del punto de vista— para desarrollar un negocio rentable. Uno de los primeros colaboradores del proyecto estaba interesado en seguir esta línea, mientras que los otros fundadores querían construir un proyecto comunitario sin fines de lucro. *"Hubo una situación interesante al principio, porque uno de los primeros fundadores intentó convertirlo en un proyecto comercial y ganar dinero con él. Todos los demás miembros fundadores estaban más interesados en que siguiera siendo algo impulsado por la comunidad. Esto condujo a una escisión muy saludable alrededor de 2021 y lo que ahora se conoce globalmente como Bitcoin Jungle es el proyecto sin fines de lucro que decidimos continuar"*, aclara Govinda con su tono de voz que induce a bucear en la reflexión.

Hay múltiples negocios sobre Bitcoin en todo el mundo que siguen esfuerzos conscientes de responsabilidad social. Sin embargo, hay una razón por la cual las ECB están profundamente arraigadas a proyectos comunitarios sin fines de lucro. Govinda conversa y toca el aire con sus manos. Mientras más expone sus pensamientos, más se acerca a la imagen de un chamán que puede observar el interior de las personas que se cruzan en su camino. *"La gente lo puede percibir. La energía es completamente diferente si hay alguien detrás de ella que quiere obtener ganancias o si proviene de un interés sincero y genuino en el bien de las personas y la humanidad. Estas energías sutiles crean proyectos con un espíritu muy diferente. No estábamos haciendo esto por el dinero".* Govinda habla con seguridad de los ideales. Cuando el objetivo es un nuevo contrato social, las palabras no titubean. *"Creemos en Bitcoin y creemos en Costa Rica. Queremos que sea una unión entre la tecnología y la naturaleza para elevar el nivel de conciencia. Estamos listos para dedicar parte de nuestro tiempo y energía para que esto suceda como un regalo para nuestra comunidad y el mundo".*

Bitcoin Jungle se configuró con un modelo diferente a las otras ECB. Dada la gran comunidad de extranjeros que viven en la región, el equipo decidió enfocar los limitados recursos con los que contaban en la construcción de un flujo de valor sostenible y circular de *sats*. *"No quiero sonar mal, pero incluso al día de hoy tenemos una pequeña comunidad de usuarios costarricenses que utilizan Bitcoin para los pagos diarios. La mayoría de los «ticos»[9] que participan en nuestra red son dueños de tiendas y profesionales que reciben pagos a través de nuestra billetera. Después de haber visitado El Salvador, me di cuenta de que somos proyectos muy diferentes",* analiza Richard. Otra diferencia es que Costa Rica cuenta con una moneda bastante estable y los ticos están muy apegados a ella. *"Todavía no cuestionan su sistema financiero, por lo que la necesidad de usar Bitcoin aún no es tan evidente para ellos como lo fue en El Salvador, por ejemplo".* A pesar de que existe pobreza en Costa Rica, la mayoría de sus ciudadanos tiene acceso a tarjetas de crédito y a algún tipo de servicio financiero. *"Intentar que los costarricenses se involucren es bastante difícil. Algunos de ellos están recién empezando a interesarse en las criptomonedas. Supongo que ese es el viaje de todos para llegar a Bitcoin. Creo que todavía están bastante atrás en su comprensión de esta clase de nuevo sistema monetario".* En la misma línea, Govinda señala que no solo tienen un sistema financiero que funciona bien, sino también instituciones más fuertes: *"En Costa Rica, no están acostumbrados a una inflación del 100 % anual como en Argentina, ni a ser perseguidos por su gobierno a través de*

---

9 *Apodo con el que se denomina a los habitantes nativos de Costa Rica.*

controles de capitales. Costa Rica ha sido un país democrático bien organizado y, paradójicamente, esto hace que los beneficios de Bitcoin sean menos evidentes para la comunidad local".

La escasa cantidad de recursos ha hecho que Bitcoin Jungle se deba centrar en el público objetivo. En paralelo, una comunidad orgánica de Bitcoin está surgiendo en San José, la capital de Costa Rica. Ya están organizando reuniones y cursos educativos, mientras que el equipo de Bitcoin Jungle está abierto a ayudarlos y contribuir en su camino de adopción. A Richard le gustaría que Bitcoin Jungle tuviera la posibilidad de ampliar su espectro. *"No tenemos los recursos para mantener un programa educativo que incentive más a la comunidad local. Sin embargo, cuando los locales vienen a nosotros, hacemos todo lo que está a nuestro alcance para ayudarlos. A diferencia de las otras economías circulares, no tenemos un programa educativo continuo. Organizamos reuniones sobre Bitcoin recurrentemente, pero es probable que no tantas como nos gustaría".* Las primeras reuniones se centraron principalmente en explicar el proyecto, los rieles de pago y la experiencia de usuario de la billetera. Una vez que la comunidad maduró, esas reuniones dieron paso a conversaciones más filosóficas y discusiones sobre Bitcoin como un posible almacén de valor y propiedad

El POS (punto de venta, por sus siglas en inglés) de Bitcoinize Machines, desarrollado por el equipo de Praia Bitcoin, es utilizado en los comercios de Bitcoin Jungle (izquierda).

Las tirolesas del bosque nuboso de Monteverde. Una localidad alejada de Uvita, donde espontáneamente han surgido actividades que aceptan Bitcoin (derecha).

privada inconfiscable. En lugar de crear una experiencia de usuario aceptable para todo el país, Richard y el resto de los fundadores se mantuvieron enfocados en crear la mejor experiencia posible en un área muy estricta. Puntos de venta (POS) dedicados, servicios de rampa de entrada/salida, billetera fácil de usar y capacitación. *"Intentamos eliminar la fricción tanto como fuera posible. Y pudimos hacerlo porque ya habíamos establecido los parámetros de nuestro proyecto. Enfocarnos en un área restringida fue muy importante. Si había un problema, podíamos ir y resolverlo en media hora. No estábamos tratando de cubrir el país. Ni siquiera toda la provincia. Solo estos pueblos pequeños para asegurarnos de que podíamos resolver sus problemas muy rápidamente. Esto nos dio credibilidad"*, recuerda Richard.

LA LLAMA DE LA ADOPCIÓN

El plan de todas las ECB incluye una estrategia de adopción. En el escenario de Bitcoin Jungle la comunidad internacional que circulaba en la selva necesitaba una red de comercios locales que ofrecieran la posibilidad de procesar pagos cotidianos. Como en el resto de las ECB, los primeros comerciantes en adoptar Bitcoin siempre son los más difíciles. En este caso, el "usuario cero" había sido seleccionado en el momento de la concepción del proyecto. Richard lo recuerda con una sonrisa: *"Si podía hacer que nuestra escuela aceptara Bitcoin, entonces podíamos encender la llama desde allí"*. Y sucedió. Una vez que la escuela comenzó a aceptar pagos en Bitcoin, eso les permitió hacer correr la voz y expandir la red. El siguiente paso en el manual de las ECB era comenzar a hablar con las tiendas y comercios locales para promover la adopción. Al respecto, Bitcoin Jungle tomó un enfoque original. Nunca se sabe, tal vez podría ser útil a otros emprendedores sociales

que deseen iniciar una ECB. *"En lugar de comenzar con tiendas regulares, comenzamos en los mercados locales de artesanías y frutas. Fue una de esas coincidencias que terminó siendo muy importante"*. Richard conocía a la organizadora de un mercado local, porque solía ser el maestro de su hija. Tenían una relación de confianza y además también sabía de Lee. La confianza y el entramado de lazos sociales son otro patrón de los proyectos que logran comenzar a girar una Economía Circular de Bitcoin. La elección de los mercados de frutas y artesanos como punto de partida fue un éxito absoluto. Disparó un crecimiento muy rápido con un presupuesto muy pequeño. *"En un mercado, cuando hablas con la gente en los puestos pequeños, estás hablando con el dueño del emprendimiento. No tienen que ir a preguntarle al jefe. Podemos explicar exactamente los beneficios para ellos y podemos confirmar su interés o no en ese mismo momento"*, argumenta Richard.

La identidad de una ECB comienza a construirse con su estrategia de adopción. Otra virtud particular de la etapa inicial del plan de Bitcoin Jungle fue ofrecer a los dueños de las tiendas comprarles los *bitcoins* inmediatamente, en caso de que no quisieran enfrentarse al riesgo de la volatilidad. En lugar de evangelizar sobre el valor a largo plazo de Bitcoin, decidieron enfocarse en los beneficios como medio de pago frente a la comunidad de expatriados que estaba lista para comprarles con Bitcoin. *"Este camino nos dio una tasa de éxito del 70 % con las tiendas en el mercado. Comenzaron a realizar transacciones con Bitcoin de inmediato. Simplemente lo aceptaban y nos los cambiaban al final del día. Solíamos sentarnos en*

> ## " BITCOIN ES UNA HERRAMIENTA PARA CAMBIAR EL MUNDO, PARA ELEVAR LA CONCIENCIA DE LA HUMANIDAD "

Richard, cofundador de Bitcoin Jungle.

El POS Lightning ha simplificado el proceso de adopción Bitcoin en los comercios de Bitcoin Jungle.

Las ferias de artesanías y productos naturales se convirtieron en piezas clave de la estrategia de adopción de Bitcoin Jungle.

la puerta de los mercados con efectivo... Así fue como lo hicimos funcionar durante las primeras semanas", recuerda Richard, asintiendo en el aire con la certeza de que el esfuerzo da sus frutos. *"Te diría que la rampa de salida fue fundamental al principio. Sin embargo, a medida que comenzaron a aprender sobre Bitcoin, incluso cuando el precio de Bitcoin comenzó a bajar, la gente empezó a pasar menos a fiat"*. El tiempo está del lado de Bitcoin, eso es innegable. En ese sentido, la confianza vuelve a asomar como una prioridad. *"Incluso fue importante para ellos saber que íbamos a estar ahí. Pasamos una gran cantidad de tiempo creando lazos y nos aseguramos de ayudar personalmente a todas las tiendas que necesitaban cambiar sus bitcoins durante todo este tiempo"*, concluye Richard.

LA BILLETERA

La combinación de todas estas acciones llevó a Bitcoin Jungle a experimentar una aceleración en la adopción de comerciantes que no habían tenido otras ECB. Los primeros comercios comenzaron a recibir la gran base de *bitcoiners* listos para gastar su dinero digital en productos y servicios. La voz corrió rápido, solo unas semanas después de lanzar su billetera en Dominical, ya contaban con casi cincuenta tiendas. Actualmente, la red Bitcoin Jungle comprende cientos de comercios y se ha extendido orgánicamente más allá de la región inicial delimitada por el equipo fundador. A junio de 2024, el número de comerciantes en Costa Rica superaba los 380. La billetera desarrollada por Lee en el terreno, siendo testigos de la experiencia de los usuarios, fue otra de las claves para su aceptación.

Diferentes tipos de usuarios tienen diferentes necesidades. Partir de una copia de la billetera Bitcoin Beach facilitaba el proceso, pero debían identificar rápidamente los problemas que surgían en los comercios de Costa Rica. Allí, los dueños de las tiendas no estaban disponibles todo el tiempo con sus teléfonos para cobrar un pago a través de Lightning. Se dieron cuenta de que necesitaban que la billetera permitiera a los empleados cobrar a los clientes, mientras el acceso a los fondos de la billetera de la tienda se mantenían protegidos. El hecho de que la billetera de Bitcoin Beach tuviese los fondos custodiados por un tercero, parecía ser la solución adecuada para Bitcoin Jungle en aquel momento. En ese sentido, como la gran mayoría de los dueños de las tiendas desconocía la tecnología, la billetera simplificaba el proceso. *"Hubiera sido mucho más difícil hacerlo teniendo una billetera no custodiada. El registro habría sido muy complicado. Imagínate si les entregábamos sus llaves privadas sin la correcta comprensión de cómo protegerlas. Ese riesgo probablemente los llevaría a no aceptar Bitcoin por completo"*, reconstruye Richard sobre aquellos días donde cada paso era analizado una y otra vez. *"En cambio, les ofrecimos una billetera con un registro simple y fácil acceso para recuperar los fondos si perdían su teléfono. Por supuesto, esto requería de un elemento de confianza en nosotros, ya que somos los que mantenemos esos sats"*. Por esta razón, el equipo decidió configurar una alerta en la billetera. Si el saldo del usuario se vuelve demasiado alto, les envían una nota que dice: *"su saldo es demasiado alto"*. El objetivo es evitar tener grandes cantidades custodiadas en nombre de los usuarios. *"Una vez que maduran en el proceso de adopción, están listos para configurar una billetera autocustodiada y proteger sus propios bitcoins"*. Esta práctica de seguridad por parte del equipo de Bitcoin Jungle se ha vuelto cada vez más relevante a medida que los comerciantes continúan recibiendo pagos en Bitcoin y mantienen una gran parte de esos fondos a lo largo del tiempo. Además de este sistema de alerta, el equipo también ha implementado una solución segura de almacenamiento en frío para proteger todos los fondos que superan las necesidades de liquidez de las operaciones diarias de la red.

Otra de las ventajas que el equipo de Bitcoin Jungle adaptó a su versión de la billetera, fue agregar la opción de establecer el precio en colones, la moneda local costarricense. Según Richard, es difícil establecer en qué medida contribuyó esta función a la adopción y el éxito del proyecto, dado que la mayoría de los usuarios son extranjeros y los productos en esos mercados tienen los precios denominados en dólares. Quien haya tenido la oportunidad de

visitar Costa Rica en este tiempo puede confirmar la fluidez en la experiencia del cliente. En los restaurantes, por ejemplo, los camareros ingresan el monto de la factura en colones y crean en segundos un código QR de Lightning con dicha cantidad convertida a *sats*.

Una vez que los *sats* comienzan a circular y se logra un cierto impulso, con suficientes usuarios que experimentan los beneficios de Bitcoin, el movimiento toma su propia fuerza. *"Es increíble ver a los comerciantes apareciendo espontáneamente en el mapa de la billetera Bitcoin Jungle por todo el país"*, se entusiasma Govinda. *"Por ejemplo, actualmente hay más de diez comerciantes que aceptan Bitcoin en Monteverde, que es un hermoso pueblo en las montañas brumosas de la jungla, que está bastante lejos de Uvita. ¡Este crecimiento descentralizado es una prueba viviente de que la adopción de Bitcoin en Costa Rica es imparable!"*.

La billetera y la red de Bitcoin Jungle han agregado un valor significativo a la región de Costa Rica, promoviendo el turismo, el consumo local y el ahorro, al mismo tiempo que fomentan los lazos comunitarios y la espiritualidad. Mantener y dar soporte a esta red requiere la dedicación a tiempo completo de muchas personas. Sin embargo, en su gran mayoría lo hacen de forma totalmente gratuita. *"No solo estamos haciendo esto sin fines de lucro, ni siquiera somos una organización formal en Costa Rica. Nadie está cobrando ninguna comisión, solo somos una billetera alojada en un nodo"*, agrega Richard.

El objetivo principal y único de Bitcoin Jungle es promover la adopción de Bitcoin y la creciente comunidad de extranjeros radicados en Costa Rica. Lograr este propósito ha sido y seguirá siendo totalmente *ad honorem*. Sin embargo, algunos de sus fundadores no descartan la posibilidad de crear negocios complementarios que puedan brindar beneficios adicionales a los usuarios. Francis Pulliot[10], CEO del *exchange* canadiense BullBitcoin[11], es uno de los fundadores de Bitcoin Jungle. Actualmente está trabajando con Lee para lanzar una solución que facilite las rampas de entrada/salida con el sistema financiero tradicional, agregando liquidez y, en consecuencia, reduciendo las comisiones de cambio para los usuarios.

---

10 *@francispouliot_*
11 *www.BullBitcoin.com*

" BITCOIN BUSCA CAMBIAR LAS RELACIONES DE PODER DEL DINERO, DE ENERGÍAS ABUSIVAS QUE NOS ESCLAVIZAN, Y RECUPERAR NUESTRA SOBERANÍA PARA DECIDIR LIBREMENTE "

Govinda, colaborador de Bitcoin Jungle.

Este es un ejemplo interesante de los negocios que se pueden crear en torno a una ECB, generando puestos de trabajo locales y oportunidades de desarrollo económico sin poner en riesgo el espíritu sin fines de lucro del proyecto social comunitario. *"Lee y Francis están trabajando en un exchange para Costa Rica que simplificará el proceso de comprar y vender Bitcoin y se integrará directamente en la billetera"*, anticipa Richard antes de subrayar las aclaraciones pertinentes. *"Va a ser una empresa privada de Lee y Francis. Es algo separado de Bitcoin Jungle, pero tiene varias sinergias potenciales para los usuarios de la billetera"*. La colaboración podría ir aún más lejos, el plan actual es que el *exchange* done un porcentaje de sus ingresos al proyecto Bitcoin Jungle para que puedan acelerar y expandir su misión. Vale aclarar que, hasta el momento, la única financiación que ha tenido el proyecto provino de un festival que organizaron. El poder recibir un flujo constante de donaciones por parte de este nuevo emprendimiento podría significar una nueva fase de crecimiento para Bitcoin Jungle.

A medida que las ECB se expanden, los fundadores bucean a mayor profundidad. De ahí su enorme sonrisa cuando preguntamos por el futuro. *"Ahora nos estamos moviendo hacia las ideas más filosóficas y espirituales sobre Bitcoin. El concepto de Bitcoin Jungle se ha extendido como un virus, de boca en boca, entre usuarios contentos. Es excitante ver cómo se propaga la red en el mapa de nuestra billetera"*. Es cierto, cada semana aparecen nuevos pines agregados al mapa, lo que significa nuevas tiendas que aceptan Bitcoin en Costa

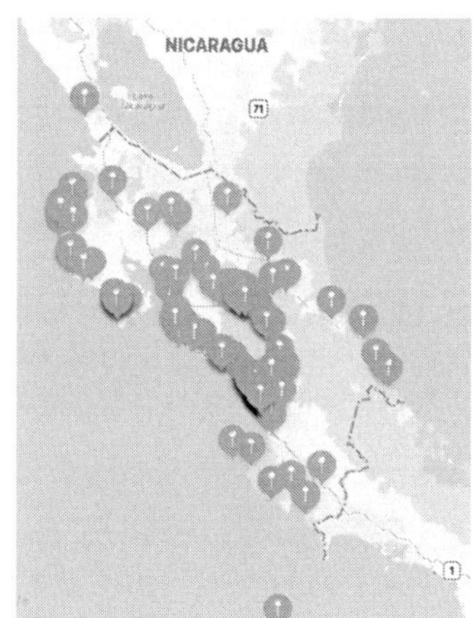

El mapa de la billetera de Bitcoin Jungle muestra el nivel de adopción alrededor de todo el país.

El equipo de Bitcoin Jungle realiza una demostración de los tipos de billeteras y las mejores prácticas de seguridad.

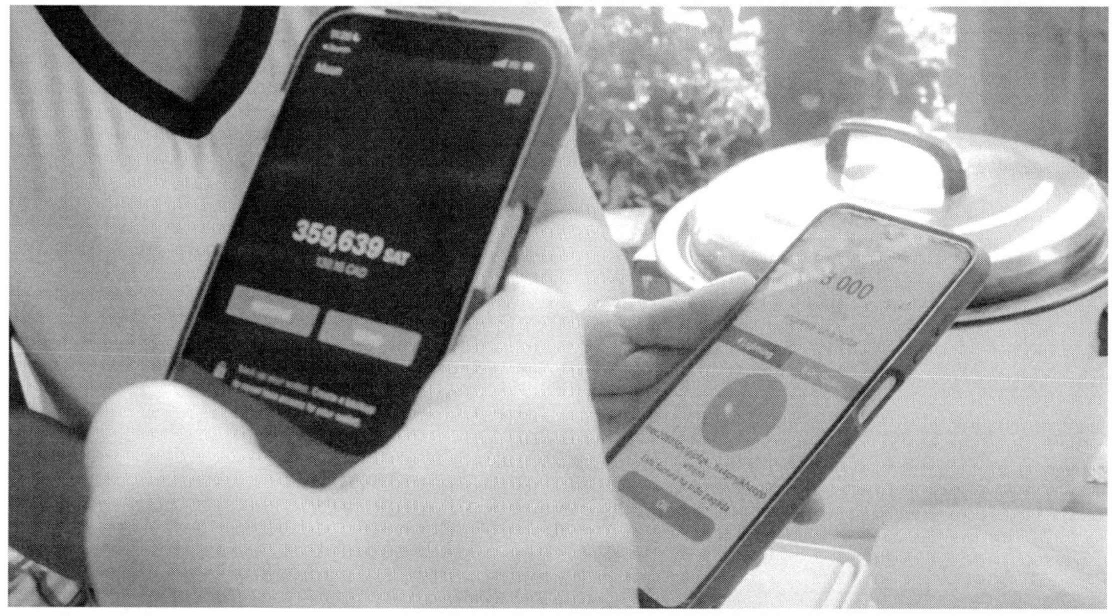

Los pagos con Lightning son cotidianos en la comunidad internacional asentada en Costa Rica.

Rica. Sin duda, una de las claves radica en la simplicidad del proceso de alta: *"¡Descargue la aplicación, ponga una calcomanía de Bitcoin en su tienda y listo!"*. Cuando la gente quiere mantener cantidades más grandes, el equipo los ayuda a configurar un servidor propio de pagos y autocustodiar sus *bitcoins*. *"A los restaurantes más grandes, ahora les estamos dando puntos de venta que mejoran significativamente la experiencia del usuario. En los primeros días, incluso solíamos darles teléfonos móviles cuando no tenían uno extra para dedicarlo a los pagos. Ahora, recientemente, compramos unos cincuenta de estos excelentes POS desarrollados por los amigos de Praia Bitcoin y los distribuimos de forma gratuita"*, relata Richard demostrando la sinergia que fluye sobre el hilo invisible que une la red de redes: la familia de las ECB.

EL FESTIVAL DE LA JUNGLA

Bitcoin Jungle supo construir su identidad. Otra característica única de esta ECB es su vínculo con Nostr[12], el protocolo de comunicaciones de código abierto, ideal para desarrollar redes sociales descentralizadas. Estas plataformas se pueden integrar fácilmente con la red Bitcoin Lightning e implementar microdonaciones, llamadas "zaps", a los creadores de contenido. Dado su diseño de acceso irrestricto y su resistencia a la censura, Nostr es ideal para promover la libertad de expresión frente al control social y la censura gubernamental. Jack Dorsey, el fundador original de Twitter, vive en Costa Rica hace mucho tiempo y ha estado siguiendo de cerca y apoyando el crecimiento de Bitcoin Jungle. Él es uno de los grandes promotores de Nostr, ha financiado varios proyectos en el ecosistema y fue fundamental a la hora de crear la primera conferencia internacional sobre esta tecnología.

---

12 NOSTR en inglés significa Notas y Otros Elementos Transmitidos por Relays. Es un estándar abierto sobre el cual los usuarios pueden publicar o construir libremente aplicaciones y servicios en la web, como plataformas de redes sociales y comunicación.

"Jack fue una de las primeras personas en seguir nuestra cuenta de Twitter, pero no teníamos ningún contacto personal. Un día, él tuiteó que se debería organizar una conferencia de Nostr en Costa Rica y que estaba dispuesto a financiarla si la comunidad la organizaba". El orgullo cubre el rostro de Richard cuando describe el backstage de Nostrica[13], el festival que organizaron juntos. Después de todo, Richard había vivido en primera persona el control social durante sus años en Hong Kong. *"A todos nos encantó la idea porque las redes sociales descentralizadas son muy necesarias hoy en día. Así que lo contactamos y le ofrecimos toda nuestra infraestructura y ecosistema de comercios para simplificar los pagos de los asistentes".* La combinación de la primera conferencia de Nostr en el mundo con la posibilidad de impulsar la economía circular de Bitcoin Jungle parecía una combinación perfecta. Jack Dorsey dio la luz verde.

El protocolo Nostr tiene múltiples similitudes filosóficas con Bitcoin y, en consecuencia, hay una superposición significativa entre sus comunidades. Govinda, por su parte, guarda un espacio para las libertades individuales junto a su paz interior. *"Este nuevo protocolo de comunicaciones tiene el potencial de permitir la creación de redes sociales con total libertad de expresión. ¡Podríamos construir un Twitter o Facebook descentralizado! Podemos hablar y compartir ideas o imágenes sin vigilancia. Es criptográfico y descentralizado, como Bitcoin".* Desde su creación por parte del usuario anónimo @fiatjaf en 2020, el protocolo Nostr ha experimentado un rápido aumento en su uso impulsado principalmente por la comunidad Bitcoin. El equipo le insistió a Jack en que el evento se realizara en Uvita para aprovechar y estimular la economía circular sobre Bitcoin. Así sucedió, la conferencia Nostrica fue un éxito. Con más de 50 oradores y 300 participantes, aumentó significativamente la conciencia internacional sobre Bitcoin Jungle. *"Realmente nos puso en la lista de lugares a donde ir para muchos bitcoiners",* recuerda Richard. *"Ya teníamos una de las mejores experiencias de usuario para gastar sats y disfrutar de Bitcoin, pero muchos de ellos aún no habían oído hablar de nosotros antes del evento".* Entre todas las economías circulares, hoy Nostr tiene su mayor relación con Bitcoin Jungle y eso tuvo múltiples consecuencias. No solo aumentó el turismo endógeno del ecosistema, el éxito inesperado de la conferencia

---

13 *www.nostrica.com*

generó la primera ganancia económica para Bitcoin Jungle. *"Hasta este evento, todo ha sido financiado por nosotros mismos. Los dispositivos que entregamos a las tiendas, el costo para apoyar a los usuarios, la capacitación, el nodo en el que se ejecuta la billetera, etc. No cobramos a nadie, ni en las transacciones dentro del nodo, todo es completamente gratuito"*, comparte Richard con humildad. *"De ahora en adelante, planeamos continuar haciendo festivales todos los años para seguir impulsando nuestra misión comunitaria. ¡Así que todos están invitados al Freedom Festival en febrero de 2025!"*.

LA CONEXIÓN ESPIRITUAL

Costa Rica es un lugar muy especial. Muchas personas que sueñan con hacer una contribución positiva al mundo, por alguna razón, se sienten atraídas por este país. La conexión entre estos buscadores espirituales internacionales y Costa Rica ha creado una comunidad única en el mundo, que combina innovación, yoga, naturaleza, ayahuasca y tecnología. En retrospectiva, es entendible por qué este entorno se convirtió en tierra fértil para el nacimiento de una de las ECB más importantes del mundo. Este aspecto trascendental está presente en la mente y los corazones de quienes hacen Bitcoin Jungle. Richard, quien supo ser un reportero aferrado a la verdad y a la transparencia de la democracia, continúa atravesando una transformación personal, aunque sin perder su esencia. *"Yo diría que mi principal objetivo es la elevación espiritual de la conciencia sobre Bitcoin. Creo que Bitcoin es una parte fundamental de este nuevo mundo que estamos tratando de construir, por eso creamos Bitcoin Jungle. Es nuestra contribución a un futuro más consciente y libre para la humanidad"*. Aquellos que están profundamente conectados con Gaia[14] tienden a percibir la naturaleza cíclica de todos los procesos en nuestro

---

14 *En la mitología griega, Gaia se refería a "la Tierra", la diosa madre, su personificación. Se la describe como una figura cariñosa y nutritiva para todos los niños y plantas del mundo.*

universo. La evolución humana también ha demostrado seguir patrones recurrentes. Muchos *bitcoiners* han estado señalando durante más de una década, que es posible que estemos al borde de un cambio de paradigma importante. Este sentimiento de esperanza es palpable en toda la comunidad de Bitcoin Jungle. Allí existe una profunda creencia compartida de que después del inevitable colapso de las monedas fiduciarias bajo el peso de su propia deuda, habrá un nuevo comienzo. *"Hay una gran comunidad de buscadores internacionales aquí. Creen en la libertad, en la paz y la prosperidad. Valores que están profundamente alineados con la cultura de Bitcoin. Entienden cómo la impresión de dinero y la inflación crean pobreza y desigualdad. Entienden cómo las instituciones y los gobiernos tradicionales extraen valor de las personas trabajadoras. Todos nosotros creemos en la soberanía de los individuos y el poder de las comunidades descentralizadas. Esta es la razón por la que Bitcoin y Costa Rica están hechos el uno para el otro".* Govinda ya no suena como un chamán, sino como el líder de un movimiento. Probablemente tenga un poco de cada cosa. De cualquier manera, tanto él como Richard exhiben sus motivaciones. *"No solo estamos haciendo esto porque amamos Bitcoin. Estamos haciendo esto porque queremos cambiar el mundo. Pero para ello, es importante que también cambiemos hacia adentro. Es una fusión entre nuestra búsqueda espiritual, una nueva filosofía de vida y una tecnología que lo facilita. No hay forma de que podamos elevar la conciencia humana de manera sostenible, a menos que liberemos el modo en que almacenamos y transferimos valor entre nosotros",* concluye Richard.

Cuando la gente no puede controlar la solidez y la propiedad de su dinero, su energía vital puede ser abusada y manipulada. Esto también aplica a países soberanos cuando ven cómo sus reservas en divisas extranjera se diluyen por los emisores de esas monedas fiduciarias. Con Bitcoin, los individuos y los Estados nación se convierten en entidades verdaderamente soberanas, con la posibilidad de proteger su riqueza de manera inconfiscable. *"Bitcoin protege tu energía de una manera en la que nadie puede meterse",* se emociona Govinda. *"Antes de Bitcoin, sólo éramos realmente libres en nuestra alma. Tenemos*

Yoga, meditación y naturaleza son ejes fundamentales de la filosofía del proyecto. Allí, Bitcoin es entendido como una herramienta para bajar la preferencia temporal de las personas y elevar la conciencia humana.

"BITCOIN ES LA LIBERACIÓN DE LA HUMANIDAD DEL ABUSO ANCESTRAL "

Govinda, colaborador de Bitcoin Jungle.

soberanía energética como alma, pero a nivel encarnado estábamos completamente controlados por las élites, sus políticos y sus ejércitos. Ahora Bitcoin ha extendido nuestra libertad al mundo físico. ¡Eso cambia todo! Además permite la soberanía, la celebración de la vida y la sanación a escala global".

LA RED

En el caso de Bitcoin Jungle, como en todas las demás Economía Circulares de Bitcoin, su primer contacto al comenzar el proyecto fue con los amigos de Bitcoin Beach. Además de ese primer viaje inspirador a El Salvador y la oportunidad de usar el código de su billetera, ambos equipos tienen un canal de comunicación permanente para compartir ideas y colaborar. En el ámbito educativo, Bitcoin Jungle también ha recibido el apoyo de la organización Mi Primer Bitcoin. *"Tenemos una muy buena relación con Mike y el equipo de Bitcoin Beach. También estamos muy agradecidos a Napoleón, de Mi Primer Bitcoin"*, puntea Richard en su listado mental de colaboraciones. *"Yo mismo dicto sus materiales a los niños aquí en la escuela. Siempre que nos encontramos en alguna conferencia tratamos de organizar una cena entre las economías circulares. Por suerte, esa mesa se está haciendo cada vez más grande. Bitcoin es muy poderoso"*. Las ECB desempeñan un papel único en el ecosistema, porque demuestran a pequeña escala cómo la adopción global de Bitcoin puede beneficiar a personas y comunidades con diferentes necesidades. *"Soy un gran admirador del equipo de Bitcoin Ekasi"*, resume Richard, en una demostración de la solidez que traza el hilo invisible. *"Cómo un pueblo pobre de Sudáfrica ha sido capaz de crear una Economía Circular de Bitcoin que se está conociendo en todo el mundo"*. Richard incluso sueña con el día que tengamos conferencias totalmente dedicadas al estudio de estos casos de adopción temprana. *"Me encantaría ver una conferencia totalmente dedicada a las economías circulares de Bitcoin. Con proyectos de todo el mundo uniéndose para compartir sus experiencias, sus historias y sus lecciones aprendidas"*.

¿Qué papel jugarán las ECB en el futuro? ¿Serán estas comunidades tempranas el nacimiento de una nueva forma de organizar la sociedad? ¿Veremos un crecimiento exponencial de ECB *pari passu* con la adopción masiva de Bitcoin? Si las ciudades superpobladas de la actualidad continúan su declive junto con los gobiernos fiduciarios ahogados en deudas, ¿es posible que una forma descentralizada de vivir pueda ofrecer una mejor calidad de vida, un mayor sustento comunitario y un contacto más profundo con la naturaleza? Durante años, la comunidad Bitcoin ha predicho la aparición de lujosas ciudadelas Bitcoin en el futuro. ¿Pueden las ECB ser una alternativa mas heterogénea e inclusiva a estas ciudades? *"Para mí, las economías circulares son la sangre vital de Bitcoin, incluso cuando muchos bitcoiners aún no se han dado cuenta. Los bastiones Bitcoin serán lugares elitistas, diseñados desde arriba y solo para unos pocos afortunados. Lo genial de las economías circulares de Bitcoin es que no hemos sido diseñadas a partir del lujo"*, expone Richard. *"Simplemente hemos surgido de esfuerzos sociales, sin fines de lucro, con el objetivo de mejorar la vida de todos en nuestras comunidades"*.

CONSEJOS PARA UNA NUEVA ECB

La comunidad Bitcoin Jungle tiene una taxonomía única, dada por la población *bitcoiner* dispuesta a gastar. Al mismo tiempo, ha logrado su crecimiento con una cantidad mínima de recursos, más allá del tiempo de sus voluntarios. En consecuencia, es un caso de estudio ideal para analizar tanto su experiencia de usuario, como su estrategia de adopción. Para Richard, el enfoque es clave para alcanzar el éxito con recursos limitados. *"Mi mejor consejo es establecer los parámetros del proyecto y ser estrictos con ellos. Encuentra un lugar en tu pueblo y trata de crear un polo de adopción de Bitcoin. Se requiere una masa crítica mínima para atraer a los compradores de Bitcoin y la concentración geográfica ayuda mucho a que los comerciantes tengan un mayor flujo de ventas".*

Al mismo tiempo, a pesar de tratarse de una tecnología que no requiere confiar en un tercero para enviar valor por internet, la confianza entre los humanos sigue siendo un rasgo muy importante a la hora de desarrollar una economía circular exitosa. *"Asegúrate de brindar a las personas una experiencia de usuario realmente excelente. Sé conocido y brinda certidumbre, haz que la gente confíe en el proyecto. Necesitan saber que estarás ahí para ellos mañana. Las economías circulares se basan en la confianza",* retoma Richard.

Es importante tener en cuenta que las ECB son *startups* sociales, y como tales, su éxito reside en su red de contactos y la comunidad que los respalda. *"Se trata de conectar con las personas adecuadas. Intenta encontrar un mercado agrícola en tu área. Habla con los dueños e invítalos a aceptar Bitcoin. Si se suman, entonces es mucho más fácil incorporarlo a las tiendas. Esto aumenta las posibilidades de que ese mercado de agricultores se vuelva famoso dentro de la comunidad de Bitcoin. Los bitcoiners estaremos dispuestos a viajar y visitarlos porque amamos apoyar a los comerciantes que comprenden los beneficios sociales de la adopción de Bitcoin".*

Además de esto, construir una ECB se trata de inspirar a las personas mientras se les comparten conocimientos sobre tecnología y economía. En consecuencia, las habilidades blandas interpersonales se vuelven tan importantes como la comprensión técnica. Para Govinda, el aspecto humano es crítico. *"Las personas de la comunidad necesitan sentirse conectadas con el equipo, construir un vínculo. Además, el equipo debería ser interdisciplinario. Desde ser hábil a nivel técnico hasta tener una actitud empresarial".*

Otro aspecto interesante presentado por Govinda es que, dado que estos proyectos son sin fines de lucro, es aconsejable tener una fuente de ingresos adicional o ahorros, para asegurarse de poder mantener el proyecto a largo plazo: *"Tienes que disfrutar de ayudar al prójimo y rodearte de personas similares. No podrás vivir de esto, así que asegúrate de encontrar un equilibrio adecuado para hacer que el proyecto sea sostenible a lo largo del tiempo".* Al fin de cuentas, la visión holística de Govinda logra sintetizar el espíritu de las ECB: *"Debes sentir alegría simplemente al dar y ayudar a los demás. Sabes cómo funciona el karma".*

X: @BitcoinJungleCR

IG: @theBitcoinJungle

Sitio web: www.bitcoinjungle.app

Sitio web: www.bitcoinfreedomfestival.com

Donaciones: www.bitcoinjungle.app/donate

VIENTOS DE CAMBIO

LA TRANSFORMACIÓN DE UN PARAÍSO TURÍSTICO EN UNA FUENTE DE DESARROLLO HUMANO

Proyecto: **Praia Bitcoin.**
Ubicación: **Jericoacoara, Brasil.**

CAPITULO 4

VOLVER A NACER

Esta historia, a diferencia de las otras ECB, comienza con un profundo fracaso.
Uno de esos momentos en la vida en los que el mundo se viene abajo. Un divorcio
conflictivo y una quiebra, en el contexto de la pandemia que paralizó al mundo entero.
Así era la fotografía del músico y emprendedor Fernando Motolese a finales del 2019.
*"La empresa que yo tenía en San Pablo pasó por una crisis muy dura durante la pandemia y me
vi obligado a cerrarla. Fueron momentos muy difíciles, no sabía qué hacer"*. La vida te saca y la
vida te da: en esos momentos de desesperanza suelen ocurrir hechos fortuitos. Mientras
Fernando buscaba el modo de recargar su energía recordando momentos felices del
pasado, algo maravilloso sucedió. *"Revisando fotos viejas en el celular, encontré una billetera
Bitcoin que había abierto en 2013. La había olvidado, ¡era un milagro! Cuando recuperé las doce
palabras de la semilla que tenía en mis fotos de Google... ¡no lo podía creer!"*. Vale aclarar que

Visitantes y moradores de Jerí se reúnen todas las tardes en la duna llamada "Posta do sol" para disfrutar hermosos atardeceres sobre el mar.

guardar la semilla de una billetera en una foto digital es una pésima práctica de seguridad porque cualquiera que tenga acceso a ella puede llegar a los fondos fácilmente. Por suerte para Fernando, el saldo aún estaba ahí y le permitió soñar con un nuevo comienzo. *"Cuando cargué la wallet vi que había casi medio Bitcoin, que ni me acordaba haber comprado"*. Lamentablemente, Fernando aún estaba hundido en deudas. El músico se vio obligado a vender la mayor parte de esos *sats* al cerrar la operación de la empresa. Con esta venta llegó al límite máximo de 30.000 reales mensuales que permitía la plataforma con la que operaba. En ese preciso momento, Fernando comprendió la importancia de poder hacer pagos directamente en *sats*, sin tener la obligación de pasar por reales. A pesar del traspié personal, encontrar esos valores en su *wallet* fue la inyección anímica que necesitaba para poder cumplir un sueño que venía rondando en su cabeza desde hacía tiempo. Fernando quería una vida en la playa. Había proyectado muchas veces abandonar la ciudad más poblada de América Latina para establecerse en un pueblo de pescadores. Eligió la cuna de los deportes acuáticos, en el nordeste de Brasil. *"Mudarme a Jericoacoara y comenzar una nueva vida fue como un renacer para mí"*.

LAS PRIMERAS OLAS

Jericoacoara se encuentra ubicada a unos 300 km de la ciudad de Fortaleza, sobre la costa oeste del estado de Ceará, en el nordeste de Brasil. Hoy en día es un destino turístico de renombre global, pero durante décadas, la playa de los vientos fue uno de los secretos mejor guardados de Brasil. Sus médanos sólo eran conocidos por mochileros aventureros y amantes del windsurf. Esto cambió cuando a mediados de los 90, el *Washington Post* la nombró una de las diez playas más bellas del mundo. Esa nota periodística generó un boom turístico que atrajo aproximadamente un millón de turistas por año. Para preservar la belleza natural de Jericoacoara, sus habitantes y autoridades tomaron importantes medidas de protección. Todas las calles del pueblo son de arena y los visitantes deben dejar estacionados sus vehículos en un aparcamiento en las afueras. Los únicos vehículos autorizados a ingresar son los *buggies* de los habitantes y algunas camionetas de la cooperativa de transporte local. El pueblo de Jerí se encuentra ubicado en el corazón del Parque Nacional Jericoacoara, protegido por ley. Esto contribuye a la preservación de su flora de manglares y árboles centenarios, sus dunas vírgenes y además hace que sea habitual ver deambulando por sus pintorescas callejuelas pequeños burritos silvestres que se han convertido en uno de los sellos distintivos del lugar. De julio a noviembre, las costas de Ceará reciben vientos fuertes y constantes del Atlántico. Esto ha convertido a Jerí en uno de los lugares privilegiados del mundo para la práctica de kitesurfing, un deporte que, en la actualidad, se respira en cada esquina del pueblo.

Este paraíso era lo que Fernando soñaba para su nueva etapa. Al principio fue todo relax y alegría para él. Disfrutaba caminar descalzo por sus calles de arena y ver los atardeceres sobre el mar desde la emblemática duna que se apoya sobre las olas, las visitas a la "piedra furada" y las postales que los kitesurfistas dibujan en el horizonte como pinceladas de color. A pesar de ser oriundo de San Pablo, Fernando desarrolló rápidamente una fuerte conexión con los habitantes del pueblo. Al conocer de primera mano su día a día se dio cuenta de que había una gran disparidad entre el paraíso que disfrutaban los turistas y las condiciones precarias en las que vivía la población local. *"Me di cuenta de que el paraíso no era tan perfecto. Por ejemplo, aquí no hay ningún banco, inclusive hasta el día de hoy. Al conocer el limitado acceso al sistema financiero que sufre la comunidad local, entendí que teníamos muchas similitudes con lo que sucedía en El Zonte, El Salvador"*.

Jericoacoara alberga a una comunidad de 4000 habitantes permanentes que viven principalmente de la pesca y el turismo. Este pueblo paradisíaco expone una situación que

se repite asiduamente en el nordeste del país. Una gran desigualdad entre los servicios de lujo que disfrutan los turistas y la precaria situación de subsistencia de la población local. *"Es una realidad que la mayoría no conoce. Aquí conviven turistas de todo el mundo, de muchísimo poder adquisitivo, junto a residentes que viven en condiciones de enorme pobreza, olvidados y desatendidos por la política y el gobierno. Es un paraíso natural, único en el mundo que, por lo bajo, sufre de graves problemas económicos y sociales".*

En ese momento, Fernando comenzó a interesarse por las noticias que llegaban desde El Salvador, donde otro pueblo de pescadores despertaba interés turístico, mientras que potenciaba el desarrollo humano gracias a Bitcoin. Estaba muy fresco en su memoria el episodio que le había cambiado la vida y se preguntaba si esos *sats* que aún le quedaban podrían contribuir a mejorar las condiciones de vida de su nueva comunidad en Jericoacoara. *"Cerca de mayo del 2021, unos dos años después de haberme mudado a Jerí,*

Los burros son los habitantes originales de las dunas y deambulan por las calles de Jerí.

comencé a estudiar en profundidad la historia de la adopción de Bitcoin en El Salvador. Quería aprender todo sobre el proyecto Bitcoin Beach porque comenzaba a soñar con replicarlo en Brasil. En septiembre sentí que ya estaba listo y decidí comenzar Praia Bitcoin".

Luego de la quiebra y la mudanza, a Fernando le habían quedado 0,02 BTC, que ya había movido a una billetera más segura. El episodio lo marcó profundamente y se convertiría en la piedra angular de lo que estaba a punto de construir. *"Pasé mucho tiempo pensando qué hacer con ello, meditando una decisión. Finalmente, inspirado en el éxito de Bitcoin Beach, decidí emplear esos sats que me habían quedado para comenzar a ayudar a la comunidad de aquí".* Bitcoin había sido la herramienta que le había permitido ahorrar dinero sin proponérselo. Y al fin de cuentas, resultó una solución para afrontar aquel momento apremiante. *"Esas doce palabras que encontré me salvaron la vida y pensé:«¿A cuántas personas puedo ayudar si, a través de Bitcoin, logramos enseñar a los habitantes de Jerí a ahorrar en dinero sólido para proveerse un futuro mejor?»".*

Su experiencia personal había iluminado el camino: si el Bitcoin es una tecnología que construye valor a largo plazo, entonces uno de los pilares del proyecto sería la educación tecnológica y financiera. *"En primer lugar, era educar a las personas más vulnerables y a los niños para que comenzaran a reducir su preferencia temporal, al mismo tiempo colaborar con los servicios comunitarios básicos para que volvieran a funcionar y mejorar la infraestructura educativa de la escuela del pueblo".*

La confianza como medio para incentivar la adopción y el turismo receptivo del ecosistema también serían ejes transversales y, con el aprendizaje y la experiencia, se sumaría la sustentabilidad. Todos pilares que hoy forman parte del impacto positivo que está generando esta economía circular en Jericoacoara. *"Estamos facilitando a la gente el acceso a Bitcoin, mientras que los Satoshis crean valor económico al circular dentro de*

la comunidad. Y, además, estamos atrayendo a nuevos visitantes que pagan sus vacaciones con Bitcoin y generan nuevas oportunidades de trabajo", afirma Fernando con alegría.

EL LABORATORIO

Mientras Fernando juntaba coraje y se preguntaba cómo se inicia una ECB, optó por dejarse llevar por la intuición. Su primer impulso fue visitar uno por uno a los comercios y explicarles cómo aceptar Bitcoin como método de pago e intercambio, intentando recrear una cadena de abastecimiento en donde todos aceptaran Bitcoin. La idea era que esto permitiese iniciar el proceso de adopción con un primer circuito para la circulación de esos *sats*. Fernando dedicó incontables horas a transferir ese conocimiento a los comercios pero, al igual que en las otras ECB, este fue un proceso lento, signado por la desconfianza y el desconocimiento. Sin embargo, el esfuerzo dio sus frutos porque su perseverancia llamó la atención de terceros que jugarían un rol importante en esta ECB. *"Mientras hablaba con los comercios fueron apareciendo algunas personas que me ayudaron mucho"*. Uno de ellos fue Vanderlee, el director de la escuela local. Rápidamente, Fernando detectó una carencia en la escuela: los niños no tenían acceso a internet para investigar sobre sus tareas y aprender sobre las nuevas tecnologías. *"En aquel momento recibimos una donación de Bitcoin Beach de 0,1 BTC y lo utilizamos para reparar las computadoras para el colegio y el servicio de internet. Fue una enorme alegría el ver como de la mano de Bitcoin volvieron las clases de informática a la comunidad"*, rememora Fernando. Aquella acción inicial afianzó mucho la relación con la institución y comenzó a forjar lazos de confianza entre el proyecto, la escuela y los padres de los niños. Vanderlee Francisco Araújo es el director de la escuela Nuestra Señora de la Consolación, en Jericoacoara. Ha liderado esta comunidad educativa por más de quince años, por lo que conoce en profundidad los desafíos del sistema educativo del interior de Brasil, así como los problemas de su gente. Hoy la institución que lidera se ha convertido en el centro neurálgico del pueblo y un referente en innovación tecnológica y educativa de la región. Pero esto no fue siempre así. *"En el pasado hemos tenido muchas dificultades, como todas las escuelas públicas por aquí. Es muy difícil pedir fondos al gobierno para mantener la infraestructura educativa"*, reconoce Vanderlee. La escuela recibe unos 400 niños de todas las edades. El mantenimiento edilicio, la falta de energía y conectividad han sido algunos de los desafíos con los que el director ha tenido que lidiar durante más de una década. *"La educación informática, hoy en día, es fundamental para el futuro de los niños. La primera vez que escuché sobre Bitcoin fue a través de Fernando. Estábamos pasando por un momento muy difícil porque se nos había quemado la fuente de la última de las cinco computadoras que supimos tener en nuestro gabinete de informática. La situación era triste y muy complicada"*. Bitcoin fue la carta de presentación de Fernando y del ecosistema en su conjunto. Ni Vanderlee, ni los niños sabían utilizar una billetera, no conocían los fundamentos tecnológicos de Bitcoin, ni de lo que representa o cómo funciona. Sin embargo, sintieron inmediatamente que había alguien que quería ayudarlos. *"Fernando consiguió unas donaciones en Bitcoin y utilizó el dinero para arreglar el laboratorio completo. Así fue cómo Bitcoin llegó a nuestra escuela y nuestra comunidad. Fue clave para abrir las puertas de todo lo que vendría después"*, resalta Vanderlee.

La idea original de esta donación era además regalar unas camisetas de Bitcoin para promover la adopción local, pero había algo que no convencía del todo a Fernando. *"Me parecía que con camisetas únicamente no lograríamos el impacto deseado"*. Una vez más, inspirado en el modelo de Bitcoin Beach, que involucra la distribución de *sats* entre los niños de la comunidad, Fernando puso en marcha una acción para educar a los jóvenes sobre Bitcoin y estimular su vocación de ahorro al mismo tiempo. Diseñaron unas alcancías de cartón que repartieron entre los niños para que pudiesen ir ahorrando

Niños de la escuela Nuestra Señora de la Consolación reciben su kit de iniciación Bitcoin y escuchan una charla sobre cómo utilizar esta tecnología.

> **EL DINERO QUE USAMOS PUEDE SER MODIFICADO POR NUESTROS GOBERNANTES CUANDO ELLOS QUIERAN. LA CANTIDAD DE BITCOIN QUE EXISTE EN EL MUNDO NO Y ESO ES UNA FORMA DE PROTEGER NUESTRA AUTONOMÍA COMO INDIVIDUOS.**

Vanderlee, director de la Escuela Nuestra Señora de la Consolación.

monedas tradicionales en sus casas. Una vez por semana, se incentivaba a los alumnos a llevar las alcancías a la escuela y a cambio de esos reales, se les entregaba el monto original, más un 10 %, en *sats*, en unas billeteras de papel especialmente diseñadas para hacer muy simple su uso. *"Cuando comenzamos a distribuir los sats a los niños y niñas de la comunidad, el impacto fue increíble. Les mostramos a los pequeños, en forma de juego, que ahora incluso podían adquirir sats en la escuela. Inmediatamente empezaron a querer ahorrar y a pensar más en su futuro"*. De la misma forma que sucedió en El Zonte, Bitcoin llegó a los padres a través de los niños. *"La escuela puede cumplir un rol fundamental en el desarrollo de la comunidad si trabajamos todos juntos y coordinados. En las acciones que hicimos con Bitcoin buscamos precisamente eso, que se involucraran tanto los niños como sus padres"*, resalta Vanderlee para ilustrar la importancia de los vínculos. A pesar de la desconfianza inicial, los adultos fueron aprendiendo del tema e interesándose en esta nueva forma de dinero con la que estaban interactuando sus hijos. Con el tiempo, comprendieron que también podía ayudarlos a vender productos y servicios a los visitantes.

La alcancía y la camiseta, eran elementos de una estrategia de educación más amplia. *"Se me ocurrió crear un kit de activación Bitcoin para niños"*, recuerda Fernando. El kit estaba compuesto de una camiseta, una botella de agua, la alcancía de cartón y la billetera Bitcoin de papel. La billetera tenía un diseño innovador interesante, que buscaba encontrar un equilibrio entre la seguridad y una experiencia de usuario simple. *"La billetera contiene 24 palabras de la semilla, generadas dinámicamente por una computadora fuera de línea. Luego los niños guardan ese papel en un lugar seguro y ya pueden ahorrar en sats"*. La idea de los kits de instalación fue un gran éxito. Los niños se entusiasmaron y casi sin darse cuenta, el ecosistema de hijos, padres y maestros de la escuela comenzó a aprender sobre Bitcoin y finanzas. Fernando consiguió de manera simple que por primera vez en Jericoacoara, niños de escuela primaria comenzaran a reconocer la

importancia de hacer pequeños sacrificios en el presente, ahorrando para poder lograr grandes cosas en el futuro. *"Jugando, los niños de Jerí comenzaron a ahorrar por primera vez. Bajando su preferencia temporal, utilizando el sistema financiero del futuro, aprendieron a protegerse de la inflación causada por la emisión monetaria de reales. Al mismo tiempo, los reales recolectados en las alcancías se donaron —y se continúan donando— a la escuela, para mejorar las aulas y comprar materiales educativos"*. El proceso evolutivo de una ECB requiere revisar periódicamente los resultados para ajustar las acciones futuras. Con el éxito del kit de instalación, el equipo se dio cuenta de que las billeteras de papel no eran la solución ideal porque los niños, en ocasiones, querían gastar parte de sus *sats* y eso no era tan fácil. Estas estaban pensadas para ahorrar en el largo plazo por lo que sus transacciones se registraban *"on-chain"* es decir directamente en la *timechain* de Bitcoin, lo cual brinda máxima seguridad, pero a su vez mayores comisiones de red. Por estos motivos, surgió la idea de incorporar unas tarjetas plásticas prepagas con tecnología NFC llamadas *Bolt cards*[1] que permitían gastar los *sats* más fácilmente. Además, al trabajar en forma nativa con Lightning se pagan comisiones de red mucho más bajas. *Bolt cards* es un proyecto de código abierto disponible para cualquiera que desee utilizarlo y Praia Bitcoin se convirtió en el primer caso de uso real en implementarlo a gran escala. El protocolo aún necesitaba muchas mejoras por lo que Fernando, con la ayuda de Lee, de Bitcoin Jungle, desarrollaron las líneas de código necesarias para facilitar la impresión de las tarjetas y así poder cubrir las necesidades de los niños en la escuela de Jericoacoara. Esta innovación facilitó mucho el uso de Bitcoin en la comunidad. Los pequeños, junto a sus padres, comenzaron a comprar y vender más cosas en el pueblo utilizando la Lightning *network*. *"Además de implementar las Bolt cards, pusimos un stand de frutas en la escuela donde se podían comprar por solo diez Satoshis. Luego sumamos otra iniciativa más, premios de 2100 Satoshis para aquellos niños que leyeran un libro e hicieran un ensayo o un dibujo sobre el libro leído"*, relata Fernando entusiasmado. Estas nuevas iniciativas

---

1 www.boltcard.org

permitieron que los niños pudieran, además de utilizar Bitcoin como reserva de valor, usarlo como medio de pago diariamente en la escuela para comprar meriendas saludables. Del mismo modo que sucedió en otras ECB, en Praia Bitcoin el proceso de adopción comenzó con pequeñas donaciones a los niños de la comunidad, cuando realizaban tareas escolares puntuales y acciones comunitarias. La selección de tareas que iban a ser premiadas se presentó como una oportunidad interesante para preguntarse qué tipo de actividad promover y de qué manera. *"Desde un punto de vista conductual, utilizamos buenas acciones como formas de ganarse esos Satoshis, que luego cambiarían por fruta en la escuela. Esto ayuda mucho en la relación con los padres, ya que al ver los valores promovidos por estas acciones, se predisponen mejor a conocer sobre esta nueva tecnología. Al principio muchos desconfiaban, pero cuando conocieron el programa y el objetivo, la aceptación fue total"*, asegura Vanderlee. En general lleva muchos años de estudio llegar a lo profundo de la madriguera, tras haber escuchado hablar sobre Bitcoin por primera vez. Sin embargo, debe haber pocos caminos más inspiradores que el programa educativo de Praia Bitcoin.

Las ECB tienen en común este tipo de incentivos aplicados en un contexto didáctico que, adaptados a las necesidades y culturas de cada lugar, rápidamente tienden lazos de confianza con el resto de la comunidad. Luego que se corriera la voz sobre la renovación del laboratorio de informática, Vanderlee se animó a contarle a Fernando otro sueño que él había tenido durante muchos años: una huerta comunitaria en la escuela para enseñar a producir alimentos por sus propios medios. De inmediato, Fernando inició una campaña para conseguir donaciones y llevarlo a cabo. El rostro de Vanderlee se ilumina cuando comienza a evocar lo que sucedió. *"No solamente la construimos, nos anotamos en una competencia de huertas escolares entre diferentes Estados y quedamos dentro de las diez mejores entre 184 proyectos de toda la región. Es un orgullo para nuestra escuela porque demostró que Bitcoin nos puede ayudar a progresar y a visibilizar a nuestra comunidad"*. Como de costumbre, los más jóvenes han demostrado ser los más propensos a entender y adoptar Bitcoin. Quizás por

ser nativos digitales, quizás por desconfiar del sistema financiero tradicional o intuir que no fue creado para ayudarlos a ellos o a sus padres. Mucho se habla sobre la impaciencia o la falta de esfuerzo en las nuevas generaciones y las ECB están demostrando lo contrario. Son precisamente ellos quienes están liderando la adopción, enseñando cómo usar la tecnología a sus padres y entendiendo rápidamente que pequeños ahorros en Bitcoin en el presente pueden generar bienestar y prosperidad en el futuro. Una generación que, hasta el momento, no había encontrado las herramientas por las cuales valiese la pena luchar (o ahorrar). Hoy Bitcoin se está convirtiendo en una fuente de propósito y esperanza que retroalimenta el desarrollo de la ECB. *"Los niños, el centro comunitario y la escuela han sido aliados clave para abrir la comunidad hacia el Bitcoin. Ahora son ellos quienes están enseñando a utilizar la tecnología a sus padres, quienes cada vez comprenden mejor los beneficios que Bitcoin está aportando a la comunidad"*, continúa Fernando, abriendo las palmas de sus manos, ejecutando un gesto que denota un destino inexorable. Vanderlee, por su parte, mira hacia adelante porque sabe que llegan a la escuela nuevas generaciones cada año y los que terminan el ciclo serán los adultos del mañana. *"Es muy lindo ver a los niños de 6 a 10 años pagando con sus tarjetas y aprender jugando. Ahora estamos pensando en la segunda etapa educativa, donde queremos incluir contenidos más profundos sobre Bitcoin y educación financiera en general"*. Según el director de la escuela, el orden de los factores, en este caso sí es muy importante. Deliberadamente, Vanderlee y Fernando eligieron primero permitir a los niños experimentar con Bitcoin como medio de pago. Luego de haber superado la barrera tecnológica inicial, los niños se encuentran preparados y motivados para profundizar en sus conocimientos. *"Si explicas la teoría, pero los niños no tienen la posibilidad de utilizarlo, entonces la educación financiera se les hace aburrida y difícil de asimilar. Nosotros lo hicimos a la inversa: primero la práctica y luego la teoría. Ahora saben qué es Bitcoin, tienen sats en la mano y una tarjeta para gastarlos. Ahora podemos profundizar en temas conceptuales para explicar cómo funciona eso que ya están utilizando. Creo que de esta forma es mucho más fácil para ellos"*, concluye Vanderlee.

Mural de la escuela que muestra a un niño pagando con el dinero del futuro.

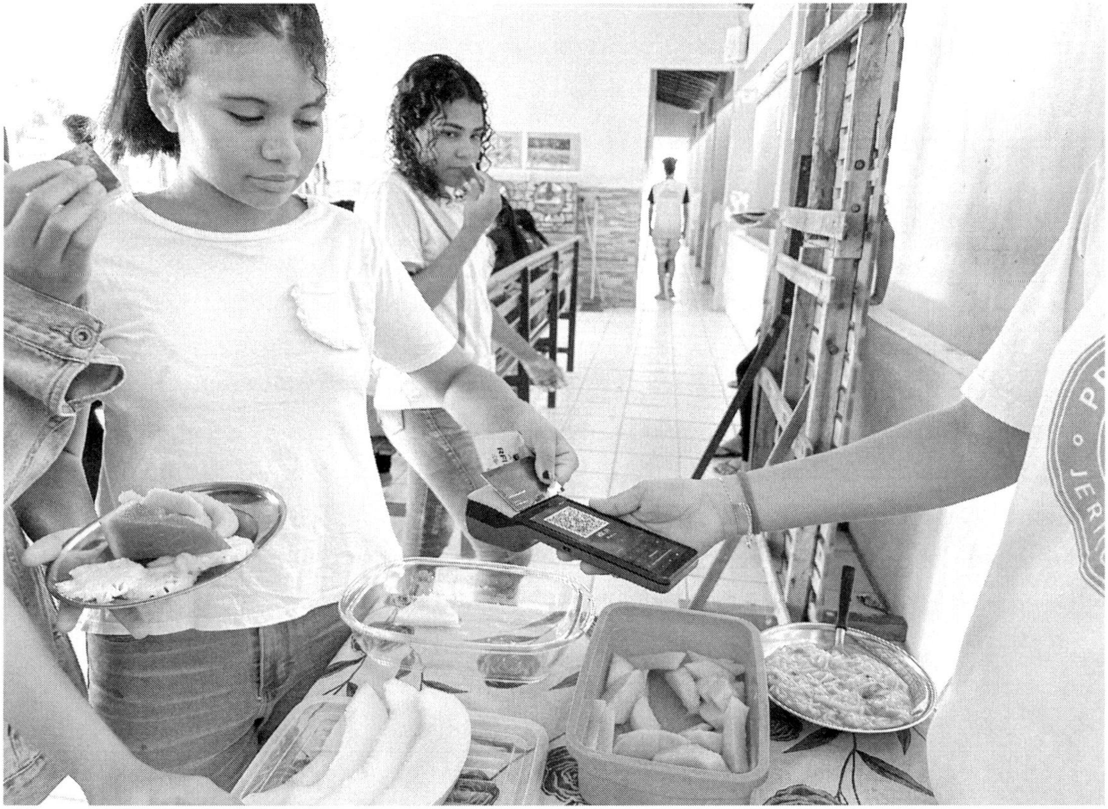

Los jóvenes utilizan sus *Bolt cards* al comprar frutas en la escuela utilizando la red Lightning.

" BITCOIN ES LIBERTAD, ES EL DINERO FINAL, DEFINITIVO, UNA HERRAMIENTA PARA CORRÉGIR MUCHOS DE LOS PROBLEMAS EN EL MUNDO: ES EL DINERO DE LA PAZ "

Fernando, fundador de Praia Bitcoin.

VIENTO EN CONTRA

No existen atajos, todas las ECB encuentran contratiempos y viento en contra en algún momento. Los entusiastas que sueñan con la circulación de *sats* en su comunidad es probable que no observen resultados inmediatos. *"Me tomó alrededor de siete u ocho meses de trabajo en solitario hasta que llegó un momento en el que casi dejé de creer que este sueño era posible"*. Por suerte, Fernando logró sumar diferentes voluntarios al proyecto que comenzaron a involucrarse. Fue una inyección de energía. Todos los equipos de trabajo que llevan adelante una ECB enfrentan, más temprano que tarde, el mismo obstáculo: demostrar a la comunidad que no son deshonestos y que tienen un interés real en ayudar. *"Construir esa confianza llevó tiempo, pero hoy es uno de los pilares más fuertes sobre los que se apoya nuestro proyecto"*, cuenta Fernando. Vanderlee, a su vez, tuvo la difícil tarea de explicarle a los padres de la comunidad sobre las iniciativas en la escuela, una tarea que no fue sencilla. *"No había ningún tipo de conocimiento sobre Bitcoin en la comunidad"*.

En el ámbito educativo, una de las dificultades que encontraron Fernando y Vanderlee fue que la mayoría de los niños, a lo largo de todo el año lectivo, de alguna forma u otra perdieron acceso a sus *Bolt cards*. El objetivo de las tarjetas era permitirles disponer de montos pequeños para comprar fruta en el colegio y así aprender a utilizar la red Lightning jugando. A raíz de este aprendizaje, el equipo de Praia Bitcoin ha implementado nuevas tarjetas con fondos que expiran a los tres días. Regalar Satoshis a los niños con el incentivo de que los utilicen rápidamente permite que usen las tarjetas en acciones de adopción concretas. Este tipo de acciones están pensadas sobre todo para incentivar la adopción durante los eventos Bitcoin dentro del pueblo.

Sin embargo, la madre de todas las dificultades, en esta playa de médanos y atardeceres, fue convencer a la población que Bitcoin es un sistema monetario más

inteligente y seguro que el tradicional. A pesar de los bajos niveles de bancarización de Brasil, su moneda se ha mantenido relativamente estable durante las últimas décadas. Esto genera una situación similar a la de Costa Rica, donde a la población local le cuesta percibir las ventajas de Bitcoin, porque los problemas de la emisión monetaria y la inflación aún no son tan evidentes en la vida cotidiana. *"Bitcoin es complejo de entender y esa creo que en general es la mayor dificultad en los comienzos de todas las economías circulares"*. Durante el proceso de adopción Fernando comprendió que para poder presentar a Bitcoin como una solución primero hay que encontrar a quien realmente lo necesita. Los usuarios con mayores incentivos en aprender no son fáciles de encontrar. Eso llevó tiempo, fue un proceso de prueba y error. *"Aprendimos, por ejemplo, que para el dueño del mejor hotel de la ciudad, Bitcoin no tenía sentido. Era un perfil de usuario que ya tenía acceso al sistema financiero tradicional y sus operaciones diarias funcionaban relativamente bien. Ahora bien, para el vendedor callejero que nunca ahorró un solo real en su vida, Bitcoin tiene mucho sentido, porque la falta de ahorro tiene que ver con la falta de educación, pero también con el hecho de no tener un lugar seguro donde guardar dinero"*. Para ellos, Bitcoin resuelve muchas cosas al mismo tiempo y se vuelve rápidamente un primer medio de pago digital y, al mismo tiempo, una reserva de valor. La expectativa de la posible apreciación de valor de Bitcoin, debido a su escasez, es un incentivo único para ahorrar e invertir. Una oportunidad que estas personas nunca habían tenido en sus vidas.

JERÍ EN EL MAPA

Jericoacoara no es una playa cualquiera, las lagunas entre los médanos de los *Lencois Maranhenses* ofrecen paisajes que parecen postales de otro planeta. Antes de la creación de Praia Bitcoin, los turistas venían y se llevaban hermosos recuerdos, pero el impacto a largo plazo para los habitantes locales era pequeño. *"Ahora si esos turistas dejan bitcoins en la comunidad, esa riqueza queda aquí y multiplica su impacto muchas veces por la dinámica circular que estamos incentivando"*, explica Fernando. Con el correr del tiempo fueron surgiendo nuevas iniciativas que afianzaron la relación de la economía circular con la comunidad de Jerí. *"Nuestra oficina estuvo ubicada en el centro comunitario de Jerí durante dos años, donde el alquiler cubría parte de los gastos. Hoy el principal desafío es seguir sumando más comercios y usuarios dentro de la comunidad, así como también enseñarles sobre seguridad para que puedan proteger bien sus Satoshis"*. Para mediados de 2024, Jericoacoara cuenta con unos 30 comercios que aceptan Bitcoin, incluidos los de gastronomía, tiendas de ropa, hospedaje, clases de kitesurfing y excursiones turísticas, entre otras opciones. Además, hay más de 50 emprendedores locales que en forma independiente realizan todo tipo de actividades y aceptan pagos en Bitcoin. *"¡Tener cada vez más comercios que aceptan Bitcoin convierte a Jericoacoara en un destino imperdible para los bitcoiners con ganas de disfrutar de las mejores playas, la mejor gente y apoyar a una Economía Circular de Bitcoin!"*, subraya Fernando, haciendo una invitación abierta a todo el ecosistema. Sus palabras están influenciadas por los atributos naturales de Jerí y la importancia del turismo *bitcoiner* para el desarrollo del proyecto. *"Cada vez más bitcoiners llegan a este paraíso del kitesurf y eso continúa incentivando a los comerciantes locales a aceptar Bitcoin y aprender a utilizar Lightning network"*, apunta Fernando, con la convicción que solo tienen las personas que han encontrado su propósito en la vida.

Cada vez son más los grupos de kitesurf de Bitcoiners que vienen de todo el mundo a disfrutar de los increíbles vientos de Jerí. @bks_kite_trip es uno de los primeros operadores turísticos en organizar viajes de Kite y aceptar pagos en Bitcoin.

Karkará, el carismático anfitrión y conductor de la cooperativa de transporte de Jerí, compañero indispensable para quien quiera disfrutar de paseos inolvidables por las dunas de Ceará.

Las condiciones
ideales para
la práctica de
kitesurf, hacen de
Praia Bitcoin una
de las economías
circulares con
mayor potencial
turístico del
ecosistema, tal
como demuestra
esta fotografía de
@Pablodls86.

En la actualidad, el equipo de Praia Bitcoin busca mantener el flujo de donaciones de *bitcoiners* para poder sostener y, en la medida de lo posible, hacer crecer el proyecto y llegar a la mayor cantidad de personas. *"A diferencia de Bitcoin Jungle en Costa Rica, nosotros no tenemos una gran comunidad de bitcoiners que vivan aquí. Eso sería clave, ya que permitiría un flujo permanente de sats y activaría el funcionamiento de la economía circular"*, remarca Fernando, que entiende las diferencias entre las ECB y sus desafíos a futuro. En ese sentido, continúa pensando cómo atraer a más *bitcoiners* del mundo para vivir o pasar largas temporadas en este paraíso de Brasil. *"Estamos hablando con las autoridades gubernamentales a ver si logramos hacer un «rebranding» de Jerí, para que efectivamente se muestre al mundo como una Economía Circular de Bitcoin"*.

Desde el comienzo del proyecto, el equipo estima haber recibido más de 300 turistas *bitcoiners* que han visitado las playas de Jerí. Sin embargo, Fernando continúa explorando diferentes iniciativas para estimular la llegada de nuevos *sats* a Praia Bitcoin y así no depender únicamente de las donaciones recibidas. El Carnaval de Brasil es uno de los más famosos del mundo y en febrero de 2023, con la premisa de visibilizar a Jerí como un destino inolvidable, el equipo de Praia Bitcoin decidió realizar el primer Carnaval *bitcoiner* de Brasil. Prepararon un evento que combinó adopción, educación y turismo con unos 70 participantes y 12 panelistas internacionales. A pesar del relativo éxito en la comunicación, el costo de la producción no logró ser recuperado con las donaciones recibidas. *"El problema es que, en carnaval, aquí en Jerí, estamos en temporada de lluvias. No era el mejor momento del año para hacer un evento. Este año, en noviembre, cuando se puede disfrutar de la arena y el sol, haremos una conferencia con Human Rights Foundation para hablar de Bitcoin y Derechos Humanos"*. La resiliencia de los emprendedores sociales que lideran las ECB nos recuerda nuevamente al coraje del *honey badger*, el hurón que no se detiene por nada para encontrar la miel, y que ha sido un emblema del ecosistema Bitcoin desde sus inicios. Estas personas están abiertas a compartir sus desaciertos y se mueven con la idea de que por cada puerta que se cierra, se abren dos nuevas. Seguramente esta convicción se nutre de saber que lo que están llevando a sus comunidades es probablemente la forma

de dinero más libre, escasa y segura de la humanidad. *"Estamos trabajando con la comunidad local para desarrollar acciones colectivas que activen los beneficios de la Economía Circular de Bitcoin. Además de la conferencia tenemos varias ideas más que estamos pensando para fomentar el turismo y así generar nuevas oportunidades laborales"*, sostiene el músico y fundador de esta ECB. De a poco, se vuelve cada vez más común ver a grupos de *bitcoiners* de todo el mundo con sus camisetas de Praia Bitcoin en las playas de Prea, Placa, Guriú y Tatajuba, ideales para disfrutar tanto saltos acrobáticos como *downwinds* inolvidables.

INNOVACIÓN EN PRAIA BITCOIN

El nacimiento y desarrollo de todas las ECB depende de la voluntad y energía de estos emprendedores sociales, que deciden donar parte de su tiempo y recursos para promover la prosperidad en sus comunidades. El flujo de donaciones altruistas de *bitcoiners* que quieren demostrar cómo Bitcoin puede ayudar a las comunidades vulnerables, olvidadas por el sistema financiero tradicional, se vuelven fundamentales para la sustentabilidad de estos proyectos. Sin embargo, con la evolución de estas comunidades comienzan a presentarse oportunidades de negocios complementarios que ayudan a los voluntarios a monetizar el conocimiento sobre Bitcoin y beneficiar los Proyectos. En algunos casos surgen emprendimientos inmobiliarios, en otros servicios turísticos a los visitantes o proyectos de hospitalidad y gastronomía. En este aspecto, Fernando tiene un mérito único. Praia Bitcoin se destaca por haber desarrollado una solución tecnológica de alta complejidad para facilitar la adopción a nivel global. La idea de esta innovación surgió cuando los comercios locales comenzaron a experimentar dificultades a la hora de aceptar Bitcoin. En Brasil, los pagos digitales están muy avanzados y a pesar de cobrar altas comisiones de intermediación, cuentan con una experiencia de usuario muy

Fernando feliz de haber sumado un nuevo comercio a la economía circular de Praia Bitcoin. A la derecha, explicación práctica sobre Bitcoin, donde niños y adultos aprenden a la par.

> ## 66 BITCOIN NO FINANCIA NI INCENTIVA LA GUERRA, ES UN DINERO QUE PROTEGE A LAS PERSONAS CONTRA AUTORIDADES POCO CONFIABLES EN EL PLANETA 99
>
> Fernando, fundador de Praia Bitcoin.

conveniente para los compradores. Pensando cómo crear una experiencia de usuario similar para Bitcoin, Fernando se dio cuenta de que un punto de venta rápido, fácil de usar y dedicado a Bitcoin sería de gran ayuda para acelerar la adopción. Inmediatamente se puso manos a la obra. Investigó online sobre los posibles proveedores de dispositivos y sistemas operativos de código abierto, que pudiesen ser modificados para adaptarse a pagos por medio de la red Lightning. Una vez que tuvo todas las piezas unidas en su cabeza, lanzó una campaña en Geyser

Fund[2], una plataforma de crowdfunding comunitario dedicada a apoyar proyectos Bitcoin. El proyecto *Bitcoinize machines* fue presentado por primera vez en la conferencia *BTC Prague* y recibió aproximadamente 3,5 *bitcoins*, equivalentes a 85.000 dólares con la cotización de aquel momento, que fueron utilizados para construir las primeras 500 máquinas. El éxito de este dispositivo fue tan grande que lograron una asociación con BTCPay Server[3] para venderlos directamente integrados con el procesador de pagos. Los dispositivos fueron utilizados por los comercios de varias conferencias sobre Bitcoin en Praga, Riga y Madeira, entre otras. Además, después de la estrecha colaboración entre Fernando y Lee, el equipo de Bitcoin Jungle fue uno de los primeros clientes que compró, al costo, 50 POS (Punto de venta, por sus siglas en inglés) Bitcoinize para distribuir entre sus comerciantes. Una parte de las máquinas restantes fueron regaladas a tiendas de Jericoacoara y a la economía circular de Bitcoin Ekasi, ubicada en una de las regiones más vulnerables de Sudáfrica. Allí, el surf y la educación, también están despertando a un continente.

---

2 *https://geyser.fund/project/bitcoinizepos*
3 *https://btcpayserver.org*

Bitcoinize machines desarrolladas en Jerí y utilizadas por múltiples ECB para acelerar la adopción de Bitcoin como medio de pago. Además, las remeras, Bolt cards y stickers son herramientas con las que el equipo promueve la revolución Bitcoin en Brasil.

LA RED DE REDES

Satoshi Nakamoto dejó valiosas lecciones, muchas de ellas implícitas. Una fundamental es que los proyectos son más importantes que sus fundadores y, si alcanzan la descentralización necesaria, continuarán existiendo cuando sus creadores ya no estén. Este es uno de los objetivos clave para las ECB: encender la chispa de la educación y la adopción para que sean los miembros de la comunidad, basados en las mejoras de calidad de vida, quienes continúen liderando la adopción global de Bitcoin. Por lo tanto, la colaboración en red con otras comunidades ECB es de gran ayuda. Además de la permanente colaboración con Bitcoin Beach, el equipo de Praia Bitcoin también ha estado trabajando mucho con Bitcoin Jungle, de Costa Rica. *"Lee Salminen, uno de sus fundadores, es una persona fantástica. Él nos ayudó mucho en la implementación de las Bolt cards para los niños de la escuela. Sin él no hubiéramos podido hacer la implementación a tiempo"*. Es emocionante ver la colaboración que emerge de manera natural entre las ECB. Sin duda, este proceso se da por la afinidad y alineamiento en sus objetivos y misión. Si bien cada equipo está enfocado en su comunidad local, a todos los une el propósito de construir una sociedad más justa, llena de esperanza y con mejores oportunidades. *"Tanto Bitcoin Beach como Bitcoin Jungle jugaron un papel crucial para el desarrollo de Praia Bitcoin. Siempre que podemos tratamos de colaborar con los otros proyectos similares para devolver todo el amor y apoyo que hemos recibido. Hace poco estuvimos compartiendo nuestra experiencia con las tarjetas Bolt al equipo de Bitcoin Ekasi en Sudáfrica, para ver si ellos lo pueden replicar allí"*, sostiene Fernando con orgullo. Quien lo haya intentado, podrá confirmar la soledad de un emprendedor social. Los obstáculos, las dudas, la angustia en los momentos difíciles. Ahí es donde esta hermandad de personas que une a todas estas economías circulares se vuelve grande. Esto lo entiende bien

Fernando, que se emociona y sus ojos se humedecen cuando recuerda los lazos que sostienen esta cofradía. *"Esta red es muy importante para nosotros. Yo la siento como una especie de familia, una familia de Bitcoin Beaches"*.

En 2022, en el marco de la conferencia Labitconf, realizada en Buenos Aires, Praia Bitcoin recibió el reconocimiento de B4H (Bitcoin for Humanity) como uno de los proyectos Bitcoin, que más valor están aportando a la sociedad. El objetivo de los reconocimientos de Labitconf, así como también de este libro, es visibilizar estos proyectos solidarios de gran valor para el ecosistema y la sociedad en general. Se siente una gran satisfacción al escuchar de Fernando, cómo este reconocimiento ha tenido un gran impacto para Praia Bitcoin a nivel local. *"El reconocimiento internacional también nos ayudó mucho porque hizo que la población local empezará a mirar el proyecto de otra manera, más profesional. Hizo que valoren más nuestro trabajo, nos dio un sello de confianza que nos ayudó a acercarnos aún más a la comunidad"*.

Hay muchas personas que contribuyen con el desarrollo y crecimiento de Praia Bitcoin, tanto a nivel local en el pueblo, como desde San Pablo, el corazón económico de Brasil. Por ejemplo, Eric Linhares de Castro, un reconocido abogado que ha tenido un rol preponderante, al ayudar a Fernando a sortear la burocracia regulatoria, para poder hacer funcionar la economía circular. *"Eric ha sido un mentor fundamental para mí, aconsejándome en cada paso legal desde el comienzo del proyecto"*. Sin él, Praia Bitcoin no podría haber sido registrado en Brasil como un proyecto social y así posibilitar su funcionamiento dentro del marco legal del país.

CONSEJOS PARA CREAR UNA ECB

Fernando es tan apasionado sobre las economías circulares que está escribiendo un libro completamente dedicado a promover este tipo de proyectos sociales. El libro se llama *Economía Circular bajo el Patrón Bitcoin,* y estará disponible desde comienzos de 2025. *"Mi libro tiene como objetivo ayudar a quienes quieran comenzar con una economía circular. Justamente ahí explico cómo el primer paso para crear una economía circular es que la persona que la lidere comience a usar Bitcoin ella misma, para hacer pagos y almacenar valor".* Fernando asegura que una de las fuentes más poderosas de energía para poder llevar adelante una ECB es comprender el daño que genera a la población el dinero fiduciario. *"Debes entender por qué Bitcoin es el dinero de la paz. De qué manera el dinero fiduciario, que puede ser impreso sin respaldo, financia todas las guerras del mundo. Esa es para mí la mayor fuente de motivación a la hora de construir una Economía Circular de Bitcoin. No hay nada más poderoso que saber que estás contribuyendo al bienestar y la paz del mundo al promover Bitcoin".* Fernando habla desde la experiencia de quien ha intentado emprender empresarialmente en Brasil y vio cómo la burocracia, los carteles bancarios y las políticas públicas fallidas destruyeron sus sueños. Según su visión, las ECB además de atraer turismo y generar empleo, tienen la muy importante misión de explicarle a las personas las razones por las que deberían usar el dinero de la paz. Y cómo, a través de este dinero, podrán tener acceso a riqueza de largo plazo protegida de la inflación. *"La economía circular tiene como objetivo ayudar a la gente a entender lo que el dinero de los políticos ha hecho con sus vidas. Bitcoin nos ayuda a ver que el Estado es el villano de la historia y, cómo todos en el Estado, tanto la derecha como la izquierda, son en realidad dos caras de la misma moneda, porque mantienen el constante robo a la gente mediante la inflación y la corrupción".*

En su libro Fernando explica que entender a Bitcoin como un dinero apolítico, de paz, es fundamental para quien esté fomentando una economía circular de Bitcoin. En su experiencia, fue precisamente esta convicción lo que lo ayudó a explicar a los usuarios locales y comercios los incentivos por los cuales conviene adoptar Bitcoin. *"En el libro cubro en detalle nuestra experiencia en Praia Bitcoin junto a una lista de recomendaciones comunitarias y personales sobre cómo comenzar una economía circular"*. Además, el autor comparte detalles técnicos y de seguridad sobre el manejo de datos personales e infraestructura del proyecto, aprendidas durante la construcción de Praia Bitcoin. Vanderlee, por su lado, ve la experiencia de la Escuela Nuestra Señora de la Consolación como una gran oportunidad para otros centros educativos del Estado de Ceará y de Brasil en general. Un modelo que podría replicarse en otras comunidades. *"Para nuestra escuela, Bitcoin solo ha traído beneficios. Ha promocionado el turismo, la innovación, la educación y la alimentación de nuestros niños. Ahora este conocimiento está saltando los muros de la escuela y llegando al resto de la comunidad"*. El intento de instalar a Jerí como un destino Bitcoin es acertado, ya que probablemente sea la ECB con mayor potencial turístico de todas. Sin embargo, esta es una de las áreas que más trabajo requiere del equipo de Praia Bitcoin. Tal vez porque necesita mayor visibilidad, tal vez por ser un paraje exótico que la gran mayoría de los *bitcoiners* aún no ha descubierto. La realidad muestra que solo es cuestión de tiempo: de la misma forma que sucedió con el artículo del *Washington Post*, en algún momento veremos una multitud de *bitcoiners* disfrutando de las playas y el kitesurf. El atractivo para ellos debería ser doble cuando visitan estas ECB: además de disfrutar de experiencias únicas, también saben que contribuyen con el desarrollo de la comunidad, mejorando la educación, la infraestructura y promoviendo una base de ahorro generacional que cambiará para mejor el futuro de todos los habitantes. *"Me da mucho placer poder traer a la élite intelectual del planeta a compartir su conocimiento con nuestra gente y, al mismo tiempo, darles la posibilidad de conocer el lugar que amo y elegí para vivir"*. Fernando se sincera y abre los brazos como queriendo dar un abrazo al lector. Sin más, extiende su invitación: *"Todos los amantes del kitesurf, nómades digitales*

y bitcoiners en general quedan oficialmente invitados a venir a visitar nuestra comunidad. Todo lo que hemos construido aquí ha sido posible gracias a generosas donaciones y trabajo de voluntarios. Nadie es dueño de nuestra economía circular, no hay ninguna empresa detrás de nuestro proyecto y lo único que circula aquí es Bitcoin. Si quieren cambiar el mundo para mejor y creen que Bitcoin es el camino, los esperamos en Praia Bitcoin Brasil. Serán muy bienvenidos".

X: @BitcoinBeachBR

Website: www.praiabitcoin.org

IG: @BitcoinBeachBR

Nostr: npub1m3tu3l6y59g2tmackq23v5vgn59u7hu66gxg8xajghz59tqm6xnqk2m888

Donaciones
donate.praiabitcoin.org

LA OLA AFRICANA

LA HISTORIA DE SURF, BITCOIN Y ESPERANZA EN ÁFRICA

Proyecto: **Bitcoin Ekasi.**
Ubicación: **Mossel Bay, Sudáfrica.**

CAPITULO 5

EL FARO DE UN CONTINENTE

La historia de Bitcoin Ekasi es diferente a la de todas las ECB exploradas hasta este momento. Ubicada en el extremo sur de Sudáfrica, en un barrio olvidado, donde se juntan las aguas del Océano Índico y el Atlántico, floreció la primera Economía Circular de Bitcoin en el continente africano. Esta es la tierra y el pueblo que ha derribado la naturalización de la violencia y la segregación que había instaurado el sistema del *Apartheid* durante el siglo xx. Así como Sudáfrica inspiró al resto del continente para evitar el dominio de una raza sobre la otra, Bitcoin Ekasi se está convirtiendo en una luz regional que contagia a todo el territorio. Al mismo tiempo, es una prueba fehaciente de las similitudes y sinergias que existen entre África y Latinoamérica, de cómo la red de economías regionales ha cruzado el océano Atlántico para sumar un nuevo nodo en las playas de Mossel Bay. Esta historia es apenas un primer indicio de esperanza sobre lo que Bitcoin puede hacer por África.

De la misma forma que Hope House preparó el terreno para Bitcoin Beach, la historia de Bitcoin Ekasi comenzó hace años con un proyecto sin fines de lucro llamado Surfer Kids. Esta organización, fundada en 2010 por Hermann Vivier y su esposa, se dedica a empoderar y brindar apoyo comunitario a niños en situación de marginalidad, a través de la práctica del surf. Fue en 2013, a raíz de las repercusiones de la crisis bancaria de Chipre, cuando Hermann escuchó por primera vez sobre Bitcoin. Sin

embargo, pasaron seis años hasta que conectó el trabajo de desarrollo comunitario que hacían en Surfer Kids con las potenciales soluciones que ofrecía esta nueva tecnología. *"Hice click cuando escuché una entrevista a Mike Peterson de Bitcoin Beach, allá por 2019. ¡Tengo un recuerdo muy claro de aquel momento en el que estos dos elementos se unieron en mi mente!"*, recuerda Hermann. Para ese entonces su viaje por la madriguera de Bitcoin comenzaba a acelerarse, pasando de la pasión a la obsesión: cuando comprendió el modo en el que Bitcoin protegía a los individuos del empobrecimiento generado por la emisión monetaria, sintió la profunda necesidad de compartir este conocimiento con el resto de la comunidad. Había dos preguntas que siempre daban vueltas por la mente de Hermann: *"¿Estoy realmente haciendo lo suficiente? ¿Existe alguna forma de multiplicar el impacto para ayudar a más jóvenes de nuestro township?"*. Bitcoin, le dio la respuesta.

Las similitudes entre Mossel Bay y El Zonte son ineludibles: ambos proyectos se encuentran en zonas muy humildes y se apoyan en el surf para educar y contener a los niños vulnerables de sus comunidades. Al observar el impacto que Bitcoin Beach estaba teniendo en El Salvador, Hermann comprendió de qué forma podría amplificar su efecto positivo en su comunidad. *"Era evidente que, si convertía esta organización comunitaria en un proyecto que facilitara la adopción de Bitcoin, podríamos hacer mucho más por nuestra comunidad de lo que podía hacer yo solo"*. Convertir a Surfer Kids en la semilla de una economía circular llevó casi un año de planificación. El nacimiento oficial de Bitcoin Ekasi podría decirse que tuvo lugar en abril de 2021, cuando recibieron la primera donación en *bitcoins* para comenzar el proceso de adopción circular. *"Esa primera donación permitió que florezca Bitcoin Ekasi"*, recuerda Hermann, sin ocultar su orgullo. *"Con esos fondos comenzamos a pagar los primeros salarios en sats a nuestros líderes comunitarios. Unos meses más tarde, en agosto, incorporamos la primera tienda local del barrio que comenzó a aceptar pagos en Bitcoin"*. La primera compra en Bitcoin en una tienda del barrio es un momento histórico que los protagonistas no

Desde muy pequeños los niños de Mossel Bay aprenden sobre dedicación, esfuerzo y compromiso a través del surf.

Uno de los jóvenes de Surfer Kids demostrando su destreza en las playas de Mossel Bay.

Hermann junto a algunos de los entrenadores de Ekasi. Una relación de confianza forjada luego de más de diez años de trabajo comunitario a través de Surfer Kids.

suelen olvidar: el primer engranaje de una economía circular comenzaba a moverse y, en este caso, el de todo un continente.

LA ESPERANZA EN UN BARRIO OLVIDADO

El Proyecto Surfer Kids se encuentra en las afueras de Mossel Bay, un puerto comercial de la Ruta Jardín que tiene un área urbana de aproximadamente unas 100.000 personas. Desde Ciudad del Cabo, se demora unas cuatro horas en recorrer los 330 km que la separan. Para Hermann, la forma más fácil de explicar dónde se encuentra Bitcoin Ekasi es imaginando el continente africano y yendo tan al sur como sea posible. Suele decir lo mismo cada vez que alguien le pide indicaciones. *"Cuando llegues al borde más austral, bueno, nosotros estamos unos 100 km al este de ese punto"*. Ekasi se deriva del término *lokasie* en afrikáans, el cual hace referencia a las áreas aledañas a las grandes ciudades donde fueron ubicadas las personas de color durante el *Apartheid*. Hoy en día, el término Ekasi se utiliza para denominar a los barrios pobres o *townships,* como también se los conoce en Sudáfrica. Estos suelen ser barrios suburbanos, fuera de los centros económicos, donde se terminan instalando muchas de las personas que llegan desde el interior del país. En general, son áreas de muy bajos ingresos, con oportunidades de trabajo muy limitadas, donde sus habitantes están condenados a condiciones de extrema pobreza y desesperación. Se podría decir que los Ekasi son similares a lo que en Brasil se denomina *favela* o *slum,* en India. Sin embargo, tienen un origen muy diferente.

Estos barrios son cicatrices del *apartheid*. En aquellos años, los centros de la ciudad estaban reservados para blancos y los *ekasis* estaban para las personas no blancas. Durante

los primeros años del sistema, las autoridades ordenaron mudanzas forzadas de las personas de color hacia las áreas designadas. Estas urbanizaciones, diseñadas en la periferia, estaban alejadas del centro económico con el objetivo de esconder la pobreza e injusticia inherentes a las políticas que se llevaban a cabo entonces, explica Hermann: *"Hoy en día, estos barrios son una especie de secuela. A esta historia de pobreza y segregación se suma la falta de oportunidades y empleos, generados por el sistema monetario fiduciario moderno"*. Tristemente, en las últimas décadas la pobreza y la desigualdad económica han aumentado en Sudáfrica. Algunos de los barrios más antiguos han tenido algún tipo de desarrollo, pero no es el caso de la zona en la que trabaja el equipo de Bitcoin Ekasi. Muchas de las casas son chozas construidas con chatarra que es recogida en los vertederos y no hay agua corriente. *"Esas son precisamente las razones por las que hemos decidido trabajar allí durante tantos años. Cuando comenzamos Surfer Kids, queríamos estar allí, donde podríamos tener el mayor impacto"*, describe Hermann con la seguridad que le confiere su experiencia. *"Nuestra misión ha sido ayudar a los niños de este barrio y tratar de mantenerlos fuera de las calles, ya que las pandillas, las drogas y la violencia son problemas cotidianos"*. Los niños que contiene el proyecto reciben una certificación como instructores de surf, al mismo tiempo que participan de un programa de alimentación diario.

A través de los años, Hermann ha visitado otros países en África y Latinoamérica. Si bien se pueden trazar paralelismos y realizar comparaciones sobre las condiciones de vida en ambas regiones, él no tiene demasiadas dudas al respecto. *"La brecha entre ricos y pobres en nuestro país es más pronunciada de lo que he visto en la mayoría de los otros lugares donde he estado. Quizás India sea el único lugar donde también pude ver una gran desigualdad similar"*. No obstante, hay un aspecto particularmente oscuro de la pobreza en Sudáfrica: está oculta, invisibilizada. En India la pobreza está a la vista de todos, es evidente. En contraste, en Sudáfrica, la desigualdad bajo la alfombra es un remanente de la segregación racial. *"No lo verás a menos que lo estés buscando específicamente. La mayoría de las personas nunca verán un área como esta, incluso si viven en Sudáfrica. Es una cruel realidad que nadie quiere ver. Esa es la razón*

El *township* de Bitcoin Ekasi, donde la pobreza y marginación dieron lugar al nacimiento de la primera ECB del continente africano.

La choza lindera al primer comercio en aceptar Bitcoin se incendió y se perdieron todos los productos y equipamiento. La comunidad local, junto a *bitcoiners* del mundo, respondieron al llamado de Hermann para ayudar en su reconstrucción.

Muchas de las precarias casas de Ekasi están pintadas por artistas locales en gratitud con las organizaciones que han apoyado el proyecto y sus residentes se inscriben en un programa educativo, que les enseña a utilizar Bitcoin como herramienta para el empoderamiento financiero.

por la cual comenzamos Surfer Kids y Bitcoin Ekasi allí", entona Hermann, como un himno que conmueve y emociona.

APRENDER JUGANDO

Desde sus comienzos, hace más de una década, el espíritu de *Surfer Kids* estuvo siempre ligado a los jóvenes y la educación. El sentido de pertenencia, la camaradería, el sacrificio, el cuidado de los demás y la naturaleza están muy presentes en la cultura del surf. *"Al enseñarles surf a los niños, les estamos inculcando mucho más que solo un deporte. Aprenden a dominar su cuerpo y su mente, lo que requiere coordinación, dedicación y compromiso"*, remarca Hermann en tono contenedor. Sobre la base de la práctica deportiva, el proyecto ha construido un programa de nutrición alimenticia, seguimiento educativo y desarrollo de oportunidades laborales. *"Esto es fundamental en el proceso creativo, ya que les da a los niños un sentido de propósito y la voluntad de aprender nuevas habilidades para mejorar en la vida. Ahora, con Bitcoin, además, ¡es la excusa perfecta para ganar sus primeros sats!"*.

Una vez que Bitcoin se convirtió en una parte clave del trabajo en Mossel Bay, el equipo tuvo que ampliar los esfuerzos para brindar a los niños la educación financiera básica necesaria para poder usar Bitcoin y proteger sus ahorros. Hasta ese entonces el enfoque había sido principalmente en el surf, en el desarrollo físico, así como también en sus habilidades motoras y sociales. Esto representó un gran desafío para el equipo de Ekasi, pero uno que estaban dispuestos a enfrentar en pos del desarrollo de su comunidad. Hermann lo explica con la autoridad de alguien que ha visto diferentes generaciones pasar por allí. *"Ahora Bitcoin nos ha hecho ampliar nuestros horizontes con un mayor enfoque en el desarrollo de habilidades de pensamiento. Para lograrlo creamos un centro educativo donde nos*

enfocamos en la educación general. Estamos comenzando con matemáticas e inglés por ahora, pero el objetivo es llegar a un punto donde podamos explicar a un niño pequeño qué es Bitcoin".

Gracias a los excelentes resultados sociales, cada vez son más los niños que se suman a las actividades de Ekasi, siendo ya más de 40 activos actualmente en el programa. Afrontar este crecimiento ha presentado nuevos desafíos que, dados los escasos recursos, han requerido de esfuerzo y creatividad. Por un lado, mientras los entrenadores completan su proceso de aprendizaje sobre Bitcoin comienzan a impartir ese conocimiento a los niños, en una cadena continua de aprendizaje. Además, Ekasi ha contratado a Nomsa, una maestra de primaria retirada, quien tras superar los avatares de una infancia llena de carencias y una adolescencia marcada por la segregación del *apartheid*, se ha convertido en el corazón educativo de Ekasi. Ella es quien enseña a los niños a tiempo completo. Nomsa ha vivido los años del régimen sudafricano en primera persona, no se lo contó nadie. Su impronta es un reflejo del sacrificio que han afrontado los sudafricanos y el ímpetu irrenunciable de buscar un futuro mejor.

Nomsa se llama Khoza en su lengua nativa, nació en los años 70 en una localidad al este de Cape Town. Su madre era maestra y debía viajar decenas de kilómetros diariamente para trabajar. La pequeña Nomsa fue criada por su abuela, también maestra. *"La escuela de mi infancia, no tenía ningún tipo de infraestructura. Eran iglesias de barro que se utilizaban para educar a los niños que íbamos descalzos y con todo tipo de carencias nutricionales. Nuestra casa también era de barro, sin electricidad, cloacas ni agua corriente. A raíz de las políticas del apartheid, no podíamos movernos a un lugar diferente. Tampoco teníamos el dinero para hacerlo".* En los años 90, un préstamo subsidiado para empleados estatales le permitió a su abuela conseguir un mejor lugar para la familia. Este cambio le permitió a Nomsa completar sus estudios en una escuela de pupilos, donde conoció a niños de familias más favorecidas económicamente y pudo ver el contraste de la violencia y el permanente conflicto que se vivía en los *ekasis* de aquellos días. *"La escuela tenía buenas instalaciones y un sistema educativo que funcionaba"*. Esa experiencia marcaría profundamente a Nomsa y le abriría los ojos sobre las oportunidades que existían fuera del *township*.

Unos años más tarde, la vida se volvería a complicar para ella. Al terminar la secundaria, Nomsa se casó muy joven con un policía y tuvieron dos hijos. Luego de los años de crianza, se encontró en una situación muy vulnerable, sin ingresos, sin educación profesional, con dos niños y una hipoteca que pagar. Sin embargo, en vez de dejarse vencer por la adversidad, tomó otro camino. *"Me dije a mí misma, tienes que luchar por tu vida, capacitarte y conseguir una fuente de ingresos. Entonces, terminé mis estudios y conseguí un trabajo de costurera en una fábrica"*, recuerda Nomsa. Fue el primer paso en su independencia económica. Inspirada en el recuerdo de sus compañeros de la escuela, continuó estudiando y se recibió de maestra, siguiendo el legado de las mujeres de su familia. La maestra pasó más de veinte años dando clases en diversos establecimientos

Desde muy pequeños, los niños de Ekasi aprenden sobre la importancia del dinero sólido para proveerse de un mejor futuro para ellos y sus familias.

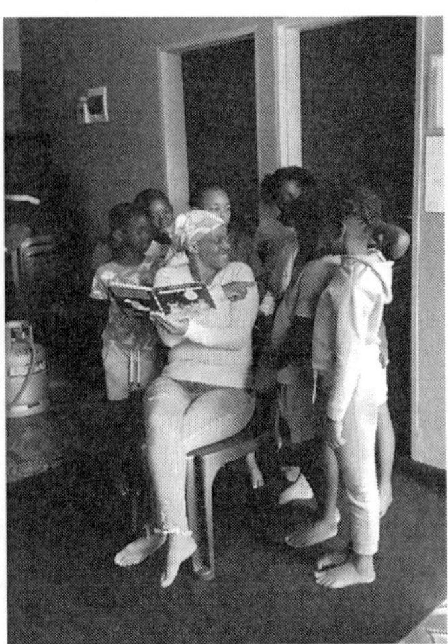

educativos públicos, hasta que se vio obligada a renunciar a raíz de la falta de presupuesto y oportunidades. Sin un plan alternativo para sostener a su familia, el destino quiso que Hermann cruzara su camino. Ella comenzaba a interesarse por las tecnologías emergentes y las nuevas formas de educación virtual, que se habilitaron en los últimos años. Esto llevó a Hermann a hablarle sobre Bitcoin en 2022. Nomsa entendió su importancia de inmediato. Su preparación profesional le permitió ver el potencial de esta tecnología en un país como Sudáfrica. Al poco tiempo, Nomsa se convertiría en una pieza fundamental para el proyecto Bitcoin Ekasi. Ella se encarga de proveer apoyo escolar a todos los jóvenes del programa en matemáticas e inglés. *"Tener un buen manejo del inglés es fundamental para acceder a oportunidades globales, más allá de los límites del township"*, declama Nomsa, con una voz que se puede escuchar hasta el fondo del salón. Su pasado personal, en combinación con su experiencia laboral, la convierten en la mejor maestra que estos niños pueden tener. *"Al mismo tiempo, el dominio de conceptos básicos de matemáticas es necesario para entender las profundas implicancias de Bitcoin, que viene a eliminar la necesidad de autoridades centrales y bancos para el beneficio de la comunidad"*. Al escucharla es fácil imaginarse a Nomsa sobre un escenario, contando su historia y disertando sobre educación financiera. A medida que habla, se nota su interés genuino de ayudar a los jóvenes de Ekasi para que puedan acceder a un horizonte nuevo de oportunidades; las que ella no tuvo en su juventud. También se percibe el profundo agradecimiento que tiene hacia Hermann y Bitcoin Ekasi por haberle devuelto el propósito de ayudar a su comunidad. *"Ahora somos conscientes de la revolución que está aconteciendo en el mundo. Cobro mi salario en Bitcoin, una moneda sin fronteras, que puede usarse tanto para gastar como para ahorrar. Siento que somos parte del sistema financiero del futuro. Poder compartir este conocimiento con los jóvenes de nuestra comunidad me llena de alegría"*, concluye esta maestra que contagia las ganas de aprender. Al igual que con los niños de Jericoacoara, el proceso de educación sobre Bitcoin que más resultados positivos está generando en Ekasi está teniendo lugar a partir de la experiencia práctica. Inclusive Hermann reconoce que en el pasado había abordado la educación desde un ángulo diferente y la experiencia en el terreno le ha demostrado que, a la hora de enseñar tecnologías y conceptos complejos, especialmente a jóvenes con carencias educativas, el aprendizaje experimental es lo más importante. *"Para demostrar Bitcoin, es mejor intentarlo primero y explicarlo después. Ya habrá tiempo para profundizar sobre detalles técnicos y filosóficos"*, apunta Hermann. La estrategia educativa que el equipo de Bitcoin Ekasi ha diseñado está basada en un acercamiento vivencial y demostrativo. En consecuencia, gran parte del tiempo es dedicado a prácticas sobre cómo usar Bitcoin para niños, sus familias y comerciantes de la comunidad. El proyecto ya cuenta con una primera generación de líderes comunitarios, que han alcanzado un profundo conocimiento práctico y filosófico sobre Bitcoin. Es el caso de Luthando, quien ya es un asiduo panelista de conferencias internacionales, que explica las estrategias de adopción y desarrollo que están haciendo florecer a su comunidad.

EL FUTURO ES DE MOSSEL BAY

Hermann y su mujer han estado al frente de Surfer Kids por más de una década. Sin embargo, su forma de liderazgo se basa en el empoderamiento de referentes locales. Estos jóvenes tienen fuertes lazos culturales con la comunidad, lo que les facilita establecer relaciones de confianza. De esta manera, su contribución a la generación de jóvenes líderes es lo que asegura que los beneficios de la escuela de surf y la economía circular perduren en el tiempo, sin estar condicionados al esfuerzo y dedicación de sus fundadores. Esta es una tendencia saludable que se está viendo también en otras ECB, como Lago Bitcoin, donde las nuevas generaciones de referentes van siendo capacitadas para, eventualmente en el

futuro, tomar el liderazgo. El equipo de Bitcoin Ekasi está lleno de jóvenes empoderados que, a medida que descubren las bondades de Bitcoin y avanzan en el largo camino de comprender esta tecnología, comienzan a ayudar a las nuevas generaciones.

Luthando[1] nació en el este de Sudáfrica y se mudó a Mossel Bay cuando era un niño, porque sus padres buscaban mejores oportunidades para su familia. El estudio y la dedicación han sido características destacables en Lutha, como le dicen sus amigos. Es uno de los pocos del equipo que cuenta con estudios universitarios en negocios. A pesar de dicha preparación, a lo largo de su vida ha pasado por múltiples empleos: desde servir combustible en una bomba de gasolina hasta ser pastelero. Durante la temporada de verano solía trabajar de guardavidas, lo que lo llevó a conocer Surfer Kids. *"Estoy profundamente agradecido de haber conocido a Hermann por las oportunidades que me ha dado. Ser parte de Ekasi me ha permitido aumentar mis ingresos y Bitcoin me ha dado una forma de ahorrar para mi futuro".* En 2019 se convirtió en el coordinador general de los entrenadores. Cuando el proyecto se expandió a Bitcoin Ekasi, en 2021, Lutha asumió la responsabilidad clave de liderar el proceso de adopción de Bitcoin en todos los comercios adheridos.

Además de los beneficios directos de utilizar Bitcoin, también ha habido algunos beneficios indirectos sorprendentes. Ahora, los jóvenes de Ekasi están en permanente contacto con gente a las que nunca hubiesen tenido la posibilidad de conocer. Inclusive hasta reciben pagos de personas interesadas en contratarlos y ayudarlos. Estas interacciones están transformando y ampliando su visión del mundo. *"Ahora tengo mucho más conocimiento sobre política económica y el mundo en general. Escribo newsletters y estoy en permanente contacto con personas de todo el mundo. Inclusive tuve la posibilidad de viajar a Suiza a presentar en la conferencia de Lugano lo que estamos haciendo aquí, en Ekasi. Estoy muy agradecido",* sostiene Lutha, con una sonrisa blanca que refleja los rayos del sol. Hoy en día, este muchacho se ha convertido en el referente para cualquiera que tenga algún problema

---

1 X: @luthandoSABTC

con la billetera en Ekasi y es el responsable de dar soporte a los quince comercios que actualmente aceptan Bitcoin en Mossel Bay.

Como sucede en prácticamente todos los países del mundo, el sistema financiero no alcanza las necesidades de los habitantes postergados. En Sudáfrica, aproximadamente el 30 % del país no está bancarizado, pero esta proporción aumenta considerablemente en el seno de la comunidad de Ekasi. *"Muchos de ellos están subancarizados porque las comisiones son demasiado caras. Por ejemplo, quienes tienen la suerte de tener un empleo formal, reciben su salario al final del mes y retiran todo el dinero de la cuenta. Viven con el efectivo hasta que reciben su salario al final del mes siguiente"*, pone como ejemplo Hermann. Esta práctica es muy común en todo el país, a pesar de los riesgos que acarrea el efectivo y es una de las áreas en donde Bitcoin ha ofrecido una solución alternativa. *"La gente está comenzando a valorar la seguridad que Bitcoin aporta en este sentido. Es la primera vez que tienen una forma de ahorrar segura que les permite proteger el fruto de su esfuerzo"*.

Cuando Akhona era un niño, sus padres decidieron mudarse a Mossel Bay en búsqueda de mejores oportunidades laborales. Viajaron desde Cofimvaba, en la zona este de Ciudad del Cabo. Lamentablemente, este cambio y las carencias de su familia lo alejaron de la escuela. Su experiencia como guardavidas fue fundamental para que Luthando lo reclutara para Surfer Kids. *"Gracias a Bitcoin Ekasi estoy trabajando para completar mis estudios. Además, he aprendido que ya no necesito a los bancos, desde mi celular puedo comprar todo lo que necesito. Bitcoin ha hecho una diferencia muy importante en mi vida, ¡ahora controlo mi propio dinero!"*, exclama Akhona, a quien todos llaman "Connor". Este muchacho hoy es un referente como entrenador deportivo y uno de los miembros del equipo con mayor experiencia en la educación sobre Bitcoin dentro de una comunidad en la que existen muchos desafíos.

La inseguridad no es un tema secundario en los Ekasi de Sudáfrica. Bitcoin está comenzando a proporcionar a los usuarios de esta comunidad lo que el sistema bancario

"POR COMODIDAD, LAS PERSONAS SOLEMOS CEDER EL CONTROL DE NUESTROS PROBLEMAS AL GOBIERNO. BITCOIN TAMBIÉN SIGNIFICA RESPONSABILIDAD PERSONAL "

Hermann Vivier, Fundador de Bitcoin Ekasi.

tradicional jamás ha logrado. *"Si tienen efectivo en sus bolsillos y alguien se los roba, los perdieron. Si tienen su dinero en una wallet y alguien los roba, el teléfono se va, pero el dinero sigue ahí".* Muchas veces tienen incluso la necesidad de proteger sus ahorros de su propia familia. La gran mayoría vive en casas pequeñas donde no hay habitaciones separadas y no hay lugar para esconder el dinero en efectivo. *"Uno de nuestros entrenadores sufría permanentemente porque su dinero era tomado por su familia. Ahora tiene el control de sus fondos de una manera que nunca antes había tenido y puede protegerlo de un hermano o un tío abusivo",* asiente Hermann. Resulta increíble cómo el simple hecho de tener soberanía sobre el dinero puede ser un incentivo tan poderoso a la hora de motivar el ahorro y las ganas de progresar. El joven entrenador del equipo que menciona Hermann se llama Lukhanghele, es nativo de Mossel Bay y fue criado por su abuela en el seno de un hogar muy humilde. Bitcoin ha ampliado sus conocimientos sobre finanzas y dinero, al mismo tiempo que lo ha provisto de una tecnología para proteger sus ingresos. *"Cuando recibía mis ingresos en rands, no tenía un lugar seguro para guardarlos. Hoy eso cambió cuando recibí mis sats. Esto me hace muy feliz y me incentiva a ahorrar".* Lukhanghele se ha convertido en uno de los más fervientes creyentes en Bitcoin dentro de la comunidad porque ha experimentado cómo esta nueva forma de dinero le cambió su propia vida. *"Tengo esperanza en Bitcoin porque sé lo que puede hacer por la gente".*

Por su parte, Chuma (Kusha en su lengua nativa) tiene 28 años y 19 como surfista, lo que lo convierte en uno de los instructores con más experiencia dentro de la organización. Como entrenador senior y guardavidas, su principal responsabilidad es cuidar a todos en la playa y transmitir sus conocimientos a las nuevas generaciones. Vale la pena mencionar que en la costa del sur de Sudáfrica se despliegan aguas traicioneras, donde circulan corrientes que arrastran a los surfistas más experimentados, sin mencionar a los tiburones blancos que deambulan en busca de lobos marinos. Las vueltas de la vida y el mar sacaron a Chuma de las calles y lo llevaron hacia Bitcoin. *"El surf me salvó la vida. Yo me crie en un barrio muy peligroso. Muchos de mis amigos con los que crecí hoy están muertos o en la cárcel. Pero también a muchos otros nos dio un propósito en la vida y nos mantuvo lejos de los problemas"*. Chuma se emociona al verse reflejado en los niños a los que entrena, porque él también aprendió surf de la mano de una ONG similar a Surfer Kids. Está convencido de que compartir los secretos del océano con estos niños es fundamental para incentivarlos a que sean jóvenes exitosos que aporten valor a la comunidad y a sus familias. El otro pilar del proyecto ha sido la alimentación. Gracias a las donaciones, los jóvenes reciben todos los días un almuerzo nutritivo al finalizar sus prácticas deportivas. Con la llegada de Bitcoin se ha sumado la posibilidad de apadrinar y recompensar directamente a los entrenadores que cumplen determinados objetivos. Los donantes envían los *sats* directamente a ellos, lo cual representa un incentivo económico, al igual que un apoyo emocional. Esta acción traza un vínculo directo: los entrenadores sienten que lo que están haciendo es valorado por alguien en alguna parte del mundo. Antes de la adopción de Bitcoin, si alguna persona quería apadrinar a alguno de los jóvenes de Surfer Kids, la única forma era hacerlo a través de la organización. Ellos debían transformar el monto en rands, la moneda fiduciaria de Sudáfrica, pagar diferentes comisiones y luego entregar el remanente en efectivo al joven. Bitcoin ha cambiado esto radicalmente. *"Ahora la organización no tiene que estar en medio de esa relación. Solíamos perder una gran parte del dinero en comisiones, haciendo el*

Luthando, Lukhanghele (entrenador junior de surf), Nomsa (maestra) Nosihle (dueño de comercio) Bongani (maestra asistente) y Akhona (instructor de guardavidas), posan con un cuadro que exhibe la tapa de un periódico de El Salvador: el día B.

proceso mucho más caro, ineficiente y lento. Había muchos intermediarios. Ahora la conexión es directa. A veces ni siquiera sabemos qué está pasando, lo cual es fantástico. Los beneficios han sido muy reales y tangibles", explica Hermann antes de generar un silencio por la contundencia de su respuesta.

Bongani tiene 15 años, nació y se crio en Mossel Bay. Actualmente está cursando el 9.° grado en la escuela secundaria. Se unió al proyecto trabajando en Surfer Kids y rápidamente se destacó por su vocación y trabajo duro. En 2022 fue promovido para trabajar en el centro educativo Ekasi y hoy Bongani es el asistente de Nomsa. Además, se encarga de cocinar para los niños y mantener la limpieza del centro. *"Antes tenía dificultades para conseguir el dinero para pagar el almuerzo en el colegio. Hoy esto ya no es un problema, recibo el dinero por mi trabajo en mi billetera de Satoshi y lo puedo usar muy fácilmente con un simple código QR. Además, puedo ayudar a comprar cosas que se necesitan en nuestra casa. Estoy feliz de todo lo que estoy aprendiendo y la posibilidad de contribuir a nuestra comunidad"*. De la misma manera Mbasa también es cocinero y encargado de mantener la limpieza y el orden del centro educativo. Tiene 17 años y tanto él como su madre han retomado los estudios para completar su educación formal. *"Ya no necesito pedirle dinero a mi madre. Pago el costo del colegio, mi comida, mi vestimenta y todo lo que necesito. Bitcoin ha mejorado significativamente nuestras vidas"*.

Sandiso tenía apenas 11 años cuando se unió a Surfer Kids. Hoy tiene 18 y es un instructor experimentado. Una de sus responsabilidades es la de pintar las chozas del barrio, las cuales reciben un pago mensual en *sats*. Esta es una estrategia innovadora que han implementado en Ekasi recientemente. Muchas de las precarias construcciones del barrio hoy son coloridos murales con logos de Bitcoin y *sponsors* que apoyan el programa. Esto permite reforzar la identidad de la economía circular, al mismo tiempo que genera ingresos recurrentes en *sats* para los humildes propietarios de estas casas. *"Siento que pintar las pequeñas casas del barrio ayuda mucho a que la gente conozca nuestro proyecto. Hoy*

cobro mi salario en sats y puedo hacer lo que quiera con ellos, pero lo más importante es poder ahorrar para el futuro". Slulami es otro integrante clave de este equipo. Él ayuda a Nomsa en las tareas educativas del centro, al mismo tiempo que asiste a Luthando en el soporte a los comercios. Slu, como lo conocen sus amigos, también se encarga de coordinar las consultas de *bitcoiners* y periodistas interesados en visitar o conocer más sobre Ekasi. De hecho, fue una ayuda clave para poder realizar este capítulo del libro, y como todos los integrantes de la comunidad, su vida fue atravesada por Bitcoin. *"Tener control sobre mi dinero me ha dado mucha confianza en varios aspectos de mi vida. Además, me permite continuar cambiando mi vida y trabajar para mejorar mi futuro"*.

Hermann se acaricia la sien cuando explica que Bitcoin logró conectar a los jóvenes en una forma mucho más profunda que el mero intercambio de valor. *"Después de haber estado aislados durante toda su vida, ahora los miembros de nuestra comunidad están comenzando a soñar con un universo de oportunidades. Por primera vez los veo orgullosos de su historia y entusiasmados sobre su futuro"*. Herman sabe que el futuro es hoy.

LAS PIEDRAS EN EL CAMINO

"La complejidad de Bitcoin en sí mismo es una dificultad, ¿no?", reflexiona Hermann, poniéndose en el lugar de los jóvenes de su comunidad. Según sus propias palabras, uno de los primeros obstáculos con los que se encontraron fue el hecho de no tener desarrolladores en el equipo. *"Tuve que romperme la cabeza para aprender y entender los*

fundamentos de cómo funciona todo este sistema". Otra de las dificultades fue elegir por dónde abordar las complejidades de Bitcoin a la hora de enseñarlo. *"No sabía por dónde empezar. No puedes hablar de seguridad, sin hablar de minería y de nodos. Y no puedes hablar de nodos sin hablar del tamaño de los bloques. Un tema te lleva a otro y antes de que te des cuenta, tres horas después, todavía estás hablando... y la persona a la que te diriges te mira con horror"*, reconoce Hermann. Sí explicar y demostrar Bitcoin al dueño de una tienda es difícil, mucho más difícil es pedirle que lo acepte como forma de pago en su comercio. Hermann tiene claro que este es un aspecto fundamental para poder poner en acción los beneficios de una economía circular. A esta altura el lector lo sabe con seguridad: la adopción por parte de comerciantes locales es un engranaje fundamental de la máquina de desarrollo económico y humano en una ECB. *"Estamos trabajando muy fuerte en que las tiendas lo acepten como forma de pago porque queremos construir la circularidad alrededor de Bitcoin. Es fundamental para el éxito del proyecto que los sats comiencen a fluir por la comunidad y se usen como dinero"*, expone Hermann con convicción.

A diferencia de Bitcoin Jungle, donde la adopción por parte de las ferias y los comercios ha sido más sencilla por el tránsito de *bitcoiners* dispuestos a gastar sus *sats*, en Ekasi la situación es más compleja. *"Al comienzo, conseguir que las tiendas empezaran a aceptarlo también ha sido un desafío. Hemos intentado comprar un poco de crédito para el teléfono e incluso regalarles unos sats, pero estos pagos esporádicos y pequeños no fueron suficientes para convencerlos de que aceptaran Bitcoin como método de pago"*. Es entendible que los dueños de las tiendas, en un contexto tan humilde, quieran conocer los beneficios que Bitcoin puede traerles a ellos y a la comunidad de forma muy concreta y sencilla. En el caso de Ekasi, esto es doblemente complejo porque Hermann, quien podría explicarles a los comerciantes esto mejor que nadie, no está permanentemente en el terreno del barrio. *"Yo dirijo el proyecto pero, desde un punto de vista práctico, soy un extraño. Vengo de un entorno privilegiado. Soy blanco. No hablo el idioma local de las personas que viven en el barrio. Incluso después de trabajar allí durante muchos años, para ciertas cosas sigo siendo un extraño"*.

Aquí es donde el trabajo de los entrenadores se vuelve fundamental. Hermann entrena a los líderes y ellos, que son locales, establecen los lazos de confianza e incorporan a las tiendas. El proceso no fue fácil al principio... *"¿Alguna vez has jugado a ese juego en la escuela donde te sientas en círculo y susurras un mensaje al siguiente? Luego este lo repite al siguiente hasta que da la vuelta completa, ¿lo recuerdas? Al comienzo, tuvimos que verificar el mensaje recibido por los comercios y en algunas oportunidades corregir algunos conceptos, pero ahora el proceso es mucho más fluido"*. Hermann resalta la importancia de tener muy presente que Bitcoin es un concepto difícil, que lleva tiempo digerirlo. Incluso las personas con capacidades cognitivas muy profundas, que han leído libros sobre el tema y comprenden de economía, pueden tener dificultades para entender Bitcoin. *"Tengo amigos de todo el mundo, con varios doctorados, y aun así algunos de ellos no pueden comprender esta idea de un sistema financiero descentralizado. Es una revolución pacífica que llevará tiempo, pero cada pequeño paso es fundamental. Estoy seguro de que Bitcoin Ekasi está contribuyendo en la dirección correcta"*, completa Hermann con una sonrisa.

LA HERMANDAD

Bitcoin Ekasi tiene una relación muy cercana con las otras ECB. Tal como sucedió con los demás proyectos, el empujón inicial vino desde El Zonte, pero rápidamente comenzaron a establecerse lazos de colaboración y apoyo con los otros nodos de la red. *"Bitcoin Beach fue la inspiración original para lo que estamos haciendo. De hecho, fue lo que Mike Peterson y su equipo hicieron en su país lo que nos dio la idea de hacer Bitcoin Ekasi en nuestra comunidad"*. Aquella entrevista con Mike que llegó a oídos de los fundadores de Surfer Kids marcaría el futuro de la comunidad de Ekasi. *"Fue mi momento ¡Eureka!"*, reconoce Hermann. Con el correr de los años la relación entre estos dos equipos solo ha continuado en aumento.

Bitcoin Beach ha contribuido con Ekasi a través de donaciones, material educativo, capacitaciones y hasta un vehículo con cuernos naranja llamado "Kudu Bull", utilizado para llevar a los niños a la playa y visitar los comercios. Fue precisamente en El Salvador donde Hermann conoció a Fernando, de Praia Bitcoin. Ese día nacería una amistad que resuena hoy con una acentuada colaboración entre ambos proyectos. *"Pasamos mucho tiempo conversando en El Zonte. Una de las cosas que estamos haciendo con la ayuda de Fernando es este sistema de pago con tarjetas Bolt. Esto nos ha permitido incorporar a muchos más niños a la economía circular, ya que es mucho más barato dar a un niño una tarjeta NFC cargada con sats, que tener que comprarles un teléfono".*

La colaboración entre Praia Bitcoin y Ekasi ha sido tan profunda, que Fernando ha cubierto en parte ese rol que Hermann necesitaba para hacer la puesta a punto del nodo Bitcoin y la infraestructura necesaria para dar soporte a la economía circular africana. *"Fernando puede programar todas estas cosas mientras duerme; yo, por el contrario, tengo que pasar noches en vela para entender los fundamentos, es mucho más desafiante para mí. Recibir este tipo de apoyo desinteresado es inspirador y emocionante. Definitivamente, creo que todos tenemos lecciones que aprender, los unos de los otros",* se sincera Hermann. Actualmente, Ekasi ha recibido múltiples terminales de pago de *Bitcoinize machines*, desarrolladas por Fernando, para acelerar y simplificar la adopción Bitcoin en Ekasi.

Sin embargo, además de sus vínculos con las ECB maduras de Latinoamérica, Ekasi tiene un rol único y diferente en esta red de redes. El proyecto de Mossel Bay está además ayudando a un incipiente ecosistema de ECB en el resto de África. Hermann resume mejor que nadie este deseo compartido por todos los que son parte de la red de ECB. *"Espero que surjan muchas nuevas Economías Circulares de Bitcoin en el futuro. Que vean el ejemplo de Bitcoin Beach y del resto de nosotros. Que sueñen con llevar todo este valor y libertad a sus propias comunidades también. Ya estoy en conversaciones con varias personas muy interesadas en replicar este modelo económico y social en sus ciudades",* destaca Hermann con

entusiasmo. En este momento ya existen múltiples proyectos en distintas regiones de África que están copiando y replicando la experiencia exitosa de Bitcoin Ekasi. Si bien aún se encuentran en etapas embrionarias, todos involucran educación y trabajo comunitario con sus propias características y en función de su propio equipo y comunidad. El objetivo de todos es poder liberar las ventajas de la circularidad económica utilizando Bitcoin. Hermann no puede disimular su entusiasmo cuando mira hacia el norte. *"Estoy en contacto con dos comunidades de Ghana, además de muchas otras, que están tratando de hacer algo similar. Espero que esta tendencia continúe creciendo como un movimiento global. La economía circular de Bitcoin es una idea bastante poderosa que puede generar un desarrollo social y económico real en cualquier lugar del mundo. Educa e inspira a los niños, conecta a la comunidad con el mundo, mientras que protege sus ahorros de la inflación. ¡Simplemente tiene sentido!"*.

En el sistema financiero actual existen claros ganadores y perdedores. El rol de África y Latinoamérica está a la vista: son proveedores de materias primas, lo más baratas posible, para abastecer el desarrollo industrial de los países centrales. Este sistema colonial no fue diseñado para el crecimiento y la prosperidad del continente africano, mucho menos para servir y ayudar a las personas en los barrios marginales del presente. Convencido de la importancia de promover la mayor cantidad de ECB posibles en el continente, Hermann siente el llamado. *"A pesar de las complejidades técnicas de Bitcoin, las personas necesitadas tienen un gran impulso por aprender. Solo necesitan esa ayuda inicial clave que proveen los proyectos sociales como Ekasi. Yo creo que Bitcoin cumplirá su promesa de separar el dinero del Estado. Eso me da esperanza"*.

LA BITCOINETA AFRICANA

La Bitcoineta se está convirtiendo en un emblema del ecosistema. Este proyecto educativo sin fines de lucro nacido en América del Sur hoy cuenta con una creciente flota descentralizada de vehículos, que va llevando la educación sobre Bitcoin a cada rincón del planeta. A los pocos meses de haber recibido la Bitcoineta "Beach edition" de regalo, el equipo de Bitcoin Beach decidió continuar la cadena de favores y le regaló una Bitcoineta al proyecto de Bitcoin Ekasi. *"Durante 2022 recibimos una sorpresa increíble, Bitcoin Beach lideró la recaudación de fondos para donar a Bitcoin Ekasi un vehículo, pero no cualquier tipo de vehículo... ¡era La Bitcoineta africana, a la que nosotros apodamos «Kudu Bull» y le pusimos unos enormes cuernos naranjas en el frente!"*, rememora Hermann, mientras sus manos ascienden en espiral dibujando los cuernos de un kudu.

Al profundizar la relación y el apoyo de Bitcoin Beach a Ekasi, Mike y su equipo identificaron un obstáculo que limitaba mucho el trabajo comunitario de Sudáfrica. La sede de Ekasi en el barrio queda a una distancia significativa de la playa, donde los jóvenes hacen sus prácticas de surf y trabajan como instructores. La necesidad de un vehículo todo terreno se hacía imperiosa para poder ampliar la capacidad de su centro. En ese momento Mike y Chimbera le propusieron al equipo de la Bitcoineta liderar la donación de un móvil para Bitcoin Ekasi. *"Recibir el apoyo de La Bitcoineta en 2022 fue increíble para nosotros: definitivamente uno de los momentos más emocionantes que hemos vivido. No solo es el vehículo más genial de África, sino que también se ha convertido en una herramienta esencial, tanto para las clases de surf, como para la adopción de comerciantes".* De alguna manera, estos vehículos hacen visible el hilo que une las ECB. El anuncio oficial se hizo en el escenario de Labitconf en Buenos Aires en noviembre de 2022, con Chimbera y parte del equipo de Ekasi presente. Un momento que quedará por siempre en la memoria de Hermann. *"Fue surreal, recuerdo haber visto el video con todos los viajes*

y el impacto que La Bitcoineta había tenido en América Latina, y luego revelaron el lanzamiento de La Bitcoineta African Edition. Fue probablemente uno de los momentos más emocionantes de mi vida", recuerda Hermann. El número de Bitcoinetas que circulan por el mundo continúa creciendo, al igual que las ECB. Todas son diferentes y al mismo tiempo todas están unidas por un mismo propósito: llevar el conocimiento y los beneficios de Bitcoin a todos los rincones del mundo. Los vehículos suelen estar adornados con los memes más famosos del ecosistema y su atractivo particular suele ser la excusa ideal para comenzar una conversación sobre Bitcoin. *"El vehículo en sí mismo podría parecer extraño para las personas que no entienden Bitcoin. Pero para mí, mirar el vehículo con todos los dibujos y memes es simplemente una de las cosas más hermosas que he visto"*.

La Kudu Bull y sus enormes cuernos naranjas ayudan a llamar mucho la atención. La gente se acerca permanentemente al equipo a preguntar: "¿qué es esto?". La Land Cruiser es todo un símbolo en África, si le sumas sus colores, la tabla de surf y los memes, es irresistible. El vehículo, además de ser una herramienta clave para el trabajo diario de Surfer Kids, ha resultado ser una excelente excusa para iniciar conversaciones sobre Bitcoin. *"Cada vez que*

Integrantes del equipo posan junto a un mural de la Kudu Bull, la Bitcoineta que utilizan en Ekasi para llevar a los niños a la olla de skate y a las prácticas de surf.

SAILUN
TERRAMAX M/T
FOUR WHEEL DRIVE
Bitcoin Ekasi
CBS 77748

La Kudu Bull, donada por Bitcoin Beach, puede acceder a las playas con las mejores olas y se ha vuelto esencial para los niños del proyecto

salimos a un encuentro de Bitcoin en una comunidad diferente, entusiasma a todos. En un mundo tan virtual, a veces es importante tener un objeto físico que represente lo que has construido", sostiene Hermann. Es difícil medir el trabajo que se realiza en las ECB y, como dice Hermann, la Bitcoineta ha contribuido a demostrar esto simbólicamente. *"No podemos llevarnos el barrio, las tiendas que hemos incorporado, las personas que ahora usan Bitcoin y todos los beneficios generados a todas partes. Pero podemos conducir este auto fuera de lo común, con sus cuernos naranjas, el cual de alguna manera representa todo eso que hacemos en Ekasi"*. Kudu Bull le recuerda a África que tienes que ser un poco loco para creer que un cambio así de grande es posible y, al mismo tiempo, que este equipo tiene la fuerza y la convicción para hacerlo sin que nada los detenga.

HECHO EN EKASI

Es imposible hablar de Bitcoin en África sin mencionar al proyecto Machankura[2]. Si bien este no es parte de Bitcoin Ekasi, su fundador, Kgothatso Ngako (también conocido como KG), es un amigo cercano de todos en esta ECB y suele colaborar en forma cotidiana, dadas las múltiples sinergias entre ambos proyectos. KG es un brillante y simpático emprendedor y desarrollador de *software* que está dedicado a acelerar la adopción de Bitcoin a través del continente africano. Uno de sus primeros proyectos Bitcoin fue Exonumia[3], una plataforma para traducir bibliografía sobre Bitcoin a los dialectos nativos del continente africano. Exonumia tiene líneas telefónicas gratuitas donde las personas pueden llamar y aprender sobre Bitcoin a través de la lectura de esos textos en múltiples dialectos. La última de sus innovaciones es entonces Machankura, que significa "dinero" en una de las lenguas nativas de Sudáfrica, y ha resuelto en forma innovadora varios de los principales problemas de la región, en cuanto a los pagos digitales. Uno de los

---

2 8333.mobi/
3 exonumia.africa/ y X: @exonumiaAfrica

problemas de África es la relativa existencia de teléfonos inteligentes en comparación con otras regiones pobres del mundo como Latinoamérica. La billetera Machankura[4] fue diseñada por KG para resolver precisamente este problema. Está diseñada sobre la tecnología USSD y permite enviar y recibir Bitcoin a través del número telefónico móvil. Esta solución funciona sobre mensajes SMS a través de la red de telefonía inalámbrica y permite que usuarios con teléfonos tradicionales, como el famoso Nokia 105, que aún son muy comunes en África, puedan participar de la red Bitcoin sin problemas. Machankura se encuentra disponible actualmente en ocho países del continente africano.

Otro de los grandes problemas en Sudáfrica, y otras partes del continente, es la mala conectividad a internet, ya sea por falta de cobertura o por el servicio intermitente de electricidad, con cortes recurrentes y baja tensión. Machankura, al estar construida sobre SMS, funciona sin necesidad de acceso a internet, y permite consultar saldos, enviar y recibir *sats* con mensajes que comienzan y terminan con * y #. El último de los problemas que esta innovadora billetera ayuda a resolver, es el tema del espacio limitado en los celulares. Inclusive quienes tienen la suerte de contar con un teléfono inteligente, muchas veces no tienen disponible el espacio de almacenamiento suficiente para descargar una billetera Bitcoin adicional, por lo que esta tecnología también ayuda en estos casos. De la misma forma que Fernando, desde un pueblo remoto en el nordeste de Brasil, logró desarrollar un POS dedicado a Bitcoin que hoy está ayudando a la adopción de cientos de comercios por el mundo, Machankura también es un fiel reflejo del nivel de innovación disruptiva que puede emerger del corazón de las Economías Circulares de Bitcoin.

---

4 X: *@machankura8333*

LA OLLA DE SKATE

Una de las últimas iniciativas de Ekasi ha sido la construcción de una olla de skate en el barrio, con la ayuda de una donación de Block, la empresa de Jack Dorsey, fundador original de Twitter, quien también financió la conferencia Nostrica en Bitcoin Jungle. La reciente inauguración de la pista ha creado una excitación dentro de la comunidad que ha superado todas las expectativas. Por un lado, el skate como deporte tiene muchas sinergias con el surf y permite a los jóvenes de Surfer Kids tener un nuevo lugar para entrenar su balance y agilidad fuera del agua. Al mismo tiempo, la olla ha comenzado a atraer tanto a *bitcoiners* como a skaters profesionales de la región y el mundo, que ahora tienen una excusa para venir a visitar Mossel Bay.

Durante la inauguración de la pista, el equipo de Ekasi aprovechó para hacer del evento una celebración de toda la comunidad. Entre salchichas asadas, trucos de skate y risas, quedó claro el nuevo rol fundamental que comenzaron a tener la olla y el skate en la comunidad. Hermann destaca que esta infraestructura contribuye a continuar visibilizando todo lo que se hace desde Ekasi. Gran parte del trabajo educativo y deportivo que se realiza en la comunidad tiene efectos a mediano y largo plazo y no es fácil de cuantificar. La construcción de esta olla de nivel internacional, decorada con un mural Bitcoin de antología, ha sido una señal muy fuerte para todos. *"Haber logrado hacer esto tan espectacular nos da un profundo mensaje de que todo es posible si nos esforzamos y trabajamos por ello"*, resalta Luthando.

El sorprendente mural de la olla de skate, la nueva foto obligada de todos los turistas que visitan Bitcoin Ekasi.

La increíble olla de skate donada por Block, que aportó un nuevo deporte y atracción turística a Bitcoin Ekasi.

"ANTES DE BITCOIN HABÍA UNA SENSACIÓN DE DESESPERANZA. AHORA VEMOS EMOCIÓN, INTERÉS EN APRENDER COSAS NUEVAS Y EMPODERAMIENTO PARA LIDERAR UN FUTURO PROPIO"

Hermann Vivier, Fundador de Bitcoin Ekasi.

El deporte como herramienta de superación y cohesión comunitaria a nivel local, junto a Bitcoin como puente de valor con el mundo global.

NUEVOS PLANES

En términos comunitarios, el plan de Ekasi y Surfer Kids es continuar ampliando y mejorando el programa de entrenadores de surf. Además, el equipo de Ekasi está muy activo enviando a los más experimentados a conferencias internacionales para promover la visibilidad y el apoyo a sus acciones en África. No obstante, uno de los temas de mayor atención en este momento es ampliar las opciones de billeteras que enseñan a usar a sus entrenadores. Como sucede también en las otras ECB, existe un delicado balance entre las billeteras más fáciles de usar, que requieren confiar las llaves privadas a un tercero, y las que precisan un poco más de sofisticación, pero dan absoluto control de sus *sats* al usuario. Hasta el momento, todas las carteras Lightning que han utilizado en Bitcoin Ekasi han sido custodiadas, siguiendo el modelo exitoso de Bitcoin Beach. Sin embargo, actualmente algunos de los miembros de la comunidad comienzan a tener un mayor conocimiento sobre la tecnología y, con suerte y dedicación, pueden acumular mayores montos ahorrados. Es el momento para profundizar en las distintas opciones. *"Una de las cosas en las que tenemos que trabajar es el equilibrio adecuado entre la custodia y la no custodia de Bitcoin, porque el superpoder de Bitcoin es el hecho de que te da la libertad de gestionar tus claves, Las claves de tu riqueza, de tu dinero y tu futuro. Al mismo tiempo, las soluciones de autocustodia pueden ser difíciles para los novatos y una gran barrera de entrada"*, analiza Hermann.

El fundador de Bitcoin Ekasi entiende que el trabajo de una ECB no está completo si el usuario no termina protegiendo sus propias claves privadas, porque lo deja en una situación vulnerable, donde puede caer nuevamente en conductas abusivas de gobiernos o empresas. En ese sentido, Hermann tiene claro que la idea es no forzar a nadie hasta que no esté preparado para subirse a la próxima estación. *"Abordamos la autocustodia como*

un viaje, donde el usuario se acerca más a la soberanía y la privacidad, a medida que se siente más cómodo con la tecnología". El equipo es consciente del conocimiento requerido para gestionar las propias claves privadas. El manejo y cuidado de la copia de seguridad de tus claves requiere mucha educación y una gran responsabilidad. Si el usuario pierde esas claves, su riqueza es irrecuperable. Lo bueno es que, ante este tipo de desafíos, las ECB los abordan con creatividad e innovación. *"Estamos explorando algunas soluciones creativas como la recuperación social, donde los dueños de las tiendas, u otros miembros de la comunidad de confianza, podrían ayudar a recuperar las claves privadas en caso de que se pierdan o sean robadas"*, refuerza Hermann. *"Estas son algunas de las ideas que estamos discutiendo con otras economías circulares para encontrar un punto medio ideal entre la custodia propia y las soluciones fáciles de usar y recuperar"*.

Comenzar a utilizar y comprender Bitcoin genera profundos cambios en las personas. Este proceso puede ser lento, porque implica repensar todo lo que entendíamos sobre el dinero y el ahorro. El proyecto de Bitcoin Ekasi comenzó en agosto de 2021 y unos tres años más tarde Herman ya está notando algunos cambios de conducta muy interesantes dentro de la comunidad. *"He visto algunos cambios positivos, especialmente en aquellos que han sido parte del proyecto desde el principio. Veo a esos entrenadores y a los dueños de los primeros comercios comenzando a ahorrar para el futuro, a tener un horizonte temporal más largo, o como lo llamamos los bitcoiners, a reducir su preferencia temporal"*.

Lo hemos visto en el caso de Lago Bitcoin también, la volatilidad en el precio de Bitcoin muchas veces no ayuda a la adopción a corto plazo. Especialmente los mercados bajistas prolongados hacen más difícil explicar los efectos a futuro de la escasez digital absoluta. Esta situación afectó también a Ekasi, pero lo aprovecharon para profundizar dentro de la comunidad sobre las variables que generan estos movimientos de corto plazo, versus las tendencias de largo. *"Dedicamos tiempo hablando con los entrenadores sobre cómo las fluctuaciones de precios podrían afectar sus salarios a corto plazo. A pesar de la volatilidad, esta es una gran excusa para discutir qué le da valor al dinero, hablar sobre la inflación y cuestionar el sistema financiero en general"*, argumenta Hermann.

Cada cuatro años aproximadamente (equivalente a la validación de 210,000 bloques de Bitcoin, para ser exactos) se produce lo que se denomina un *halving*. Esto significa una reducción a la mitad de la emisión de nuevos bitcoins. Estos ciclos de *halving* son lo que aseguran la emisión programada decreciente y el límite máximo de los 21 millones de *bitcoins*. El más reciente de estos eventos, al momento de escribir este libro, sucedió en abril de 2024 y en Ekasi aprovecharon este momento para estudiarlo y debatirlo en profundidad con el equipo. *"Los halvings suelen estar seguidos por mercados alcistas en Bitcoin, por la reducción en la nueva oferta. Estamos expectantes de este nuevo ciclo alcista para explicar los beneficios de la escasez de Bitcoin frente a la devaluación permanente de las monedas fiduciarias, como el rand sudafricano".*

Cuando una persona no tiene las necesidades básicas satisfechas es muy difícil que pueda pensar en su futuro. Pero al mismo tiempo, sin hacerlo es muy difícil salir de un círculo de pobreza y marginación. Hermann sostiene que Bitcoin pareciera estar contribuyendo a romper con esta dinámica, mientras dibuja una circunferencia imaginaria en el aire, que cambia de dirección convirtiéndose en un camino virtuoso. *"Bitcoin está teniendo un efecto positivo, ya que de a poco, anima a las personas a pensar en el futuro. Uno de los mayores problemas en estas comunidades es que la gente no planea a largo plazo. Esto es completamente comprensible si consideras que no tenían un activo escaso que pudiera almacenarse de manera segura. Ahora tienen Bitcoin y eso está cambiando todo".*

LA EXTRAÑA RELACIÓN CON SU MONEDA

Sudáfrica, comparte muchas de las razones por la que el resto del continente africano necesitan Bitcoin. Además de la constante depreciación del rand, la moneda local, existe un fuerte control de capitales. Esto significa que mientras el gobierno financia sus déficits públicos con emisión monetaria, hace lo imposible para dificultar que las personas puedan escapar de la devaluación del rand. A esta forma de financiamiento público, mediante la devaluación de la moneda, se lo denomina impuesto inflacionario y es particularmente cruel con las personas de menos recursos, asalariados y jubilados.

El *Apartheid* fue el sistema de segregación racial y control absoluto, que duró casi cincuenta años en Sudáfrica, hasta que en 1994, de la mano de Nelson Mandela, el país entró en una etapa de libertad y democracia. Irónicamente, los controles de capitales son una de las pocas cosas que lamentablemente continúan compartiendo el actual gobierno democrático y el gobierno del *Apartheid*. Hermann se indigna cuando lo compara. *"A menudo se los ve como modelos políticos opuestos, pero ambos temían la fuga de capitales y depreciación de la moneda. A pesar de los estrictos controles, el rand sudafricano ha estado en una lenta, aunque constante, disminución durante décadas"*. Hermann recuerda cómo en su niñez el tipo de cambio era de 2 rands por cada dólar, mientras que hoy está cerca de los 18 rands por unidad, sumado a la devaluación del dólar en el mismo periodo. Esto hace que, para los sudafricanos, quienes se vieron obligados a ahorrar en rands, esta haya sido una pésima reserva de valor, destruyendo a cuentagotas las vidas de millones de personas.

Hermann se lamenta cuando analiza por qué, en lugar de promover buenas políticas públicas que fomenten la innovación y la creación de nuevas empresas dispuestas a invertir introduciendo dinero a la economía, se enfocan permanentemente en crear nuevos controles de capitales para evitar que las personas puedan proteger sus ahorros. *"Tienen un control totalitario y una agenda comunista. La burocracia abunda por todas partes. Muchas empresas están tratando de irse o ya han trasladado sus oficinas a otro lugar. Muchos individuos de gran patrimonio están dejando el país. Sin embargo, las personas de nuestra comunidad no tienen la posibilidad ni el deseo de irse, por lo que solo nos queda ayudarlos a luchar por su libertad económica"*. Por ejemplo, si alguien entrega una donación de cien dólares en efectivo a un ciudadano sudafricano como Hermann, él no podría hacer nada con ella. No tiene forma legal de ir a un quiosco de cambio de divisas en el aeropuerto y cambiarlo a moneda local. ¡No podría hacerlo ni siquiera a través de un banco! La única opción es venderlo en el mercado negro. *"Esta es una de las razones por las que Bitcoin tiene mucho sentido aquí. Proporciona un activo escaso y sólido para que las personas ahorren a largo plazo, además del acceso a una red monetaria abierta y libre para recibir donaciones o salarios desde el extranjero sin restricciones"*.

Así como los poderosos vientos del Sáhara transportan minerales en nubes de polvo que sirven de nutrientes a las selvas de América, el conocimiento y las experiencias de las economías circulares del continente americano han arribado a las playas de Sudáfrica. Bitcoin Ekasi ha colocado a Sudáfrica en el mapa internacional de Bitcoin y, al mismo tiempo, ha comenzado a iluminar nuevas   y proyectos educativos a lo largo y ancho del continente africano.

CONSEJOS PARA FUTURAS ECB

Recordando los inicios de Surfer Kids, allá por el 2010, Hermann hace hincapié en que lo más difícil es el comienzo. En este tipo de proyectos, sostiene, es muy difícil planificar demasiado por la gran cantidad de imponderables que pueden surgir. *"La convicción es fundamental. Inclusive, si no sabes demasiado lo que vas a hacer. Sólo necesitas sembrar la semilla, poner un poco de agua y ver qué sale. Así fue como nos fue a nosotros"*. A pesar de las complejidades que pueden surgir en un proyecto de estas características, hay un consejo concreto que Hermann le daría a todos los emprendedores sociales: *"Si quieres iniciar una economía circular, tienes que empezar con una plataforma existente. Es muy difícil construir todo esto desde cero. En nuestro caso, por ejemplo, teníamos la organización sin fines de lucro Surfer Kids, donde antes de introducir Bitcoin llevábamos muchos años gestionando con la comunidad una relación profunda y de confianza "*. Todos los nuevos proyectos a los que Hermann está ayudando ya empiezan a florecer en la comunidad. Uno de ellos, por ejemplo, está siendo iniciado por el dueño de una tienda que ya es de confianza en su comunidad. Otro está liderado por una academia donde están enseñando habilidades informáticas a los niños. *"No deberías intentar construir una economía circular de Bitcoin en una comunidad donde nunca has estado antes. El factor humano y la confianza son críticos para el éxito de un proyecto como este"*.

El otro punto fundamental que resalta Hermann, es empezar poco a poco. Bitcoin en sí mismo ya es lo suficientemente complejo, pero el tiempo está de nuestro lado. *"Bitcoin va a hacer su trabajo por nosotros. Simplemente nos enfocamos en nuestra pequeña parte del mundo. Es nuestra humilde contribución, desde un pueblo muy pobre, en un rincón del mundo, estamos haciendo lo que podemos"*. Paradójicamente, el equipo de Ekasi está inspirando a todo un continente sin proponérselo. Hermann cuenta lo fundamental de tener los pies sobre la tierra. Desea enfocarse en generar cambios profundos y duraderos en su comunidad: *"No tenemos como objetivo Bitcoinizar[5] a todo Sudáfrica. Tenemos esta pequeña comunidad que necesita mucha ayuda y nos vamos a enfocar en ella. Inspiremos a que otras personas descubran los beneficios y lo adopten en el resto del país, el resto del continente y del mundo. La red de Bitcoin ya es global, sólo tienes que enfocarte en tu rincón y automáticamente quedas conectado con el resto de la red"*. Todos los grandes cambios en la vida, comienzan con un pequeño paso. *"Si tienes una persona que gana sats y tienes una tienda que acepta Bitcoin, eso ya es suficiente para empezar"*, resume Hermann esta estrategia lenta pero infalible.

---

5 *Adopción masiva de Bitcoin.*

X: @BitcoinEkasi

X: @the_surfer_kids

IG: @thesurferkids

Facebook: @thesurferkids

Nostr: npub1zkr064avsxmxzaasppamps86ge0npwvft9yu3ymgxmk9umx3xyeq9sk6ec

Sitio web: bitcoinekasi.com/

Donaciones: support.bitcoinekasi.com/

Donaciones: www.thesurferkids.com/donate

REFLEXIONES FINALES

Es interesante cuestionarse por qué la gran mayoría de
Economías Circulares de Bitcoin han surgido en Latinoamérica
y África. Históricamente, estas regiones han sufrido con mayor
dureza las fallas del sistema fiduciario y la dominación económica
de las potencias centrales. Paradójicamente, los recurrentes
desequilibrios macroeconómicos y financieros de los países
que integran la región han creado el terreno fértil para la
adopción temprana de Bitcoin. El hecho que esta moneda digital
descentralizada haya sido diseñada para democratizar el acceso
a medios de pago digitales, y como reserva de valor, explica la
proliferación de ECBs en estas regiones del mundo. Al mismo
tiempo, si Bitcoin es incorporado efectivamente por el sistema
financiero global, la adopción temprana de estas comunidades
puede crear un enorme efecto riqueza en el futuro. De ser
así, las ECBs podrían emerger como estrategias comunitarias
efectivas para paliar la pobreza y la desigualdad que se extiende

actualmente en demasiados rincones del planeta. Es por ello que visibilizar y apoyar a este tipo de proyectos es una forma importante en la que podemos contribuir, entre todos, a construir un mundo mejor.

Conocer las increíbles historias de superación y dedicación de estas economías circulares de Bitcoin es un gran comienzo. Pero nada reemplaza la experiencia de ver con vuestros propios ojos, escuchar y experimentar, la transformación positiva que estos proyectos están generando en sus respectivas comunidades. Este libro es una invitación abierta al lector a profundizar y visitar estas economías circulares de Bitcoin .

… y por qué no animarse a desarrollar una Economía Circular de Bitcoin en vuestra comunidad.

wind·water·fire·ea

Este libro ha sido posible por la colaboración de tres organizaciones sin fines de lucro
comprometidas en la búsqueda de un futuro más próspero, a través de la educación y adopción
de Bitcoin. Las regalías que se generen por la venta de este libro serán entregadas a estas tres
organizaciones en partes iguales, para contribuir al crecimiento de sus trabajos comunitarios y para
continuar promoviendo el desarrollo de nuevas Economías Circulares de Bitcoin alrededor del mundo.

BITCOIN BEACH

Bitcoin Beach es la primera economía circular de Bitcoin del mundo. Surgió en torno al proyecto social
Hope House en El Zonte, El Salvador. Su propósito social y éxito comunitario sirvieron como ejemplo
para promover la adopción de Bitcoin como moneda de curso legal en El Salvador. Hoy, además de
haber convertido a El Zonte en el lugar obligado de peregrinación de todo Bitcoiner, Bitcoin Beach se
ha convertido en el corazón de una red de redes de economías circulares de Bitcoin que, siguiendo su
inspiración, están promoviendo el desarrollo tecnológico y social en distintos puntos del planeta.

X: **@BitcoinBeach**
Web: **www.bitcoinbeach.com**

BITCOIN4HUMANITY (B4H)

Bitcoin 4 Humanity está compuesta por una comunidad global de personas interesadas en promover
casos de uso que utilicen a Bitcoin o tecnologías distribuidas de código abierto, en pos de un
impacto positivo en la sociedad. En 2019 voluntarios de B4H crearon un programa educativo sobre
Bitcoin para los líderes y voluntarios de Bitcoin Beach, lo que marcó el comienzo de una profunda
amistad. En 2022, tanto Bitcoin Ekasi, de Sudáfrica, como Praia Bitcoin, de Brasil, recibieron premios
y menciones especiales en los B4H Awards entregados en Labitconf. Este libro es un homenaje de
quienes hacemos B4H a la enorme tarea social que realizan las ECB.

X: **@b4_humanity**
Web: **www.b4h.ngo**

Instituto de Filosofía y Economía Bitcoin (IFEB)

El IFEB es una organización dedicada a la investigación y divulgación de Bitcoin, así como también
al análisis del impacto social, filosófico, político y económico que su aparición puede significar para
la humanidad. El IFEB busca promover el pensamiento crítico, a la vez que visibilizar las mejores
prácticas y políticas que pueden adoptar nuestras sociedades para aprovechar las oportunidades que
emergen de la adopción de Bitcoin y su tecnología subyacente.

X: **@IFEBitcoin**
Web: **www.IFEBitcoin.org**